Dougal Dixon
DAS SUPERBUCH DER DINOSAURIER

Der Autor

Dougal Dixon beschäftigt sich hauptberuflich mit dem Schreiben und mit der Herausgabe von Büchern. Dabei hat er sich auf die Geowissenschaften konzentriert, auf Geographie und Geologie sowie auf die Paläontologie – also das Studium ausgestorbener Pflanzen und Tiere, wie beispielsweise den Dinosauriern. Bisher hat er mehr als 20 Bücher über Dinosaurier geschrieben. Zudem war er als Fachberater und Entwickler von computergesteuerten Dinosaurieranimationen für Videos und Fernsehfilme tätig, die in England, Japan und den USA ausgestrahlt wurden. Dougal Dixon hat auch mehrere Science-fiction-Romane geschrieben und lebt heute in England.

Der Berater

Peter Dodson ist Professor für Anatomie und arbeitet als Professor für Geologie an der Universität von Pennsylvania in Philadelphia, USA. Außerdem ist er als Forschungsbeirat an der Akademie für Naturwissenschaften in Philadelphia tätig. Seit vielen Jahren sammelt er Fossilien in der kanadischen Arktis und im Westen Kanadas, aber auch in den Vereinigten Staaten.

Der wissenschaftliche Herausgeber

Jack Myers ist emeritierter Professor für Zoologie und Botanik der Universität von Texas in Austin sowie Mitglied der amerikanischen Nationalakademie für Naturwissenschaften.

Titel der Originalausgabe:
The Age of Dinosaurs
© 1993 Highlights for Children, Inc.
2300 West Fifth Avenue
P.O. Box 269
Columbus, Ohio
USA

Hergestellt von:
Bender Richardson White
P.O. Box 265
Uxbridge UB9 5NX
England
Projektbetreuung:
Lionel Bender
Künstlerische Leitung:
Ben White
Produktion:
Kim Richardson

1. Auflage 1993
© der deutschen Ausgabe
by Arena Verlag GmbH,
Würzburg
Einbandillustration:
Nikola Neubauer
Übersetzt von Christiane Berg-
feld (Kapitel 1 bis 3) und Gerald
Bosch (Kapitel 4 und 5, »Schon
gewußt?«, Worterklärungen)
Fachkorrektur: Gerald Bosch
Lektorat: Thomas Hilge
Printed in Spain
ISBN 3-401-04421-4

Das Superbuch der
DINOSAURIER

von Dougal Dixon

Arena

INHALT

Zu diesem Buch

Die Dinosaurier waren die wohl erfolgreichste und großartigste Tiergruppe, die jemals gelebt hat. Wir können sie nicht einfach als Mißerfolg der Natur bezeichnen, nur weil es sie zufälligerweise heute nicht mehr gibt. Dinosaurier entstanden vor 225 Millionen Jahren und lebten bis vor 65 Millionen Jahren. Tiere, die 160 Millionen Jahre lang auf der Erde vorkamen, sollten wir daher nicht als Fehlentwicklung ansehen.

Der Begriff »Dinosaurier« wurde von Wissenschaftlern gebildet und bedeutet wörtlich »schreckliche Echse«. Einige Dinosaurier waren tatsächlich furchterregende Tiere, und manche sahen auch wie heutige Eidechsen aus. Doch viele erinnerten mehr an andere Reptilien, zum Beispiel Krokodile, während andere wiederum Säugetieren oder Vögeln ähnelten.

»Das Superbuch der Dinosaurier« beginnt mit einem Überblick über das Leben auf der Erde vor dem eigentlichen Zeitalter der Dinosaurier. Im Hauptteil des Buches sind mehr als 30 verschiedene Dinosaurierarten in allen Einzelheiten beschrieben. In den letzten beiden Kapiteln erfährt der Leser, wie die Dinosaurier entdeckt und erforscht wurden und welche neuen Erkenntnisse wir in den letzten Jahren über Dinosaurier gewonnen haben.

Im Teil »Schon gewußt?« (Seite 146 bis 150) findet er einige besonders spannende Informationen über Dinosaurier. Im Schlagwortverzeichnis (Seite 151 bis 157) werden wissenschaftliche und andere Fachwörter erklärt, die in diesem Buch verwendet wurden.

Das Zeitalter der Dinosaurier

Die ersten Dinosaurier erschienen vor 225 Millionen Jahren in einer Periode, die von den Wissenschaftlern späte Trias genannt wird. In der nächsten Periode, dem Jura, erreichten sie den Höhepunkt ihrer Entwicklung und verschwanden dann vor etwa 65 Millionen Jahren gegen Ende der Kreidezeit. Wie in dieser »Zeitleiste« zu erkennen ist, veränderten sich während dieser gewaltigen Zeitspanne auch die Erdoberfläche, das Klima und die Pflanzenwelt immer wieder.

Trias (vor 245 bis 208 Mio. J.)
Eine einzige gewaltige Landmasse (auch Superkontinent genannt), hauptsächlich von Wüsten bedeckt und mit Baumfarnen und Nadelhölzern bewachsen.

Früher und mittlerer Jura (vor 208 bis 157 Mio. J.) Ein Superkontinent voller Flachmeere; die Witterung ist feuchtwarm, als Pflanzen kommen Baumfarne, Nadelhölzer und Palmfarne vor.

1
GIGANTEN DER ERDE

Häufig betrachten wir in Museen oder Ausstellungen das Skelett oder lebensechte Modell eines Dinosauriers, oder wir sehen Dinosaurierabbildungen in einem Buch – und jedesmal sind wir aufs neue erstaunt und begeistert. In solchen Momenten fragen wir uns zuerst, wie diese gewaltigen Tiere überhaupt leben konnten. Anschließend beginnen wir, Berichte über Dinosaurier zu lesen und allmählich ihre Lebensweise zu begreifen. Und spätestens dann tauchen die ersten Fragen auf: Woher stammen die Dinosaurier? Wie sah die Welt aus, in der sie lebten? Wie lange gab es überhaupt Dinosaurier?

Alle diese Fragen versuchen die verschiedensten Wissenschaftler seit 160 Jahren zu beantworten. Einiges erfahren wir aus dem Gestein, in dem Dinosaurierfossilien gefunden wurden. Denn jede Gesteinsart liefert Hinweise auf vergangene Landschaften.

Die Überreste früherer Lebewesen, die wir heute im Gestein finden, werden Fossilien genannt. Diese Versteinerungen teilen uns ebenfalls etwas über den Lebensraum der Dinosaurier mit. Versteinerte Pflanzen liefern Hinweise auf die damalige Vegetation, während uns die Tierfossilien verraten, welche anderen Tiere in jener Zeit lebten. Manche Fossilien stammen aus der Zeit vor dem eigentlichen Zeitalter der Dinosaurier. Durch sie wissen wir heute, wie die Erde und ihre Bewohner in jener Frühzeit aussahen. Da wir diese anderen Tiere kennen, die viel früher als die Saurier gelebt haben, können wir nun rekonstruieren, wie die Entwicklung der Dinosaurier vor sich ging.

Auch wenn heute noch nicht alle Fragen über Dinosaurier beantwortet sind, haben wir mit jeder neuen Entdeckung ein anderes Puzzlestück gefunden, das uns hilft, das große Rätsel der Dinosaurier zu lösen.

Später Jura (vor 157 bis 146 Mio. J.)
Der Superkontinent beginnt auseinanderzubrechen; im Binnenland herrscht trockene Witterung, an den Küsten feuchtwarmes Klima.

Frühe Kreide (vor 146 bis 97 Mio. J.)
Die Erdteile wandern in größeren, teilweise zusammenhängenden Landmassen; die Pflanzenwelt ist ähnlich wie in Trias und Jura.

Späte Kreide (vor 97 bis 65 Mio. J.)
Einzelne Kontinentalgruppen haben sich getrennt, auf jedem Erdteil leben unterschiedliche Tiere; erste Blütenpflanzen entstehen.

DIE SAURIERPARADE BEGINNT

Hier ist sie: die große Parade jener Tiere, die zwischen der späten Trias und dem Ende der Kreide, also vor etwa 225 bis 65 Millionen Jahren, auf der Erde lebten.

Zu Beginn, in der Trias, gab es alle möglichen Reptilien: laufende, schwimmende, grabende und sogar fliegende. Es lebten auch schon die ersten Säuger, kleine, spitzmausartige Lebewesen. Unter den Reptilien gab es sogenannte Thecodontier, krokodilähnliche Tiere mit einem langen Schwanz und kräftigen Hinterbeinen. Sie vermehrten sich sehr stark, als andere Reptilienarten ausstarben, und ihre Nachfahren nahmen ganz unterschiedliche Le-

bensgewohnheiten an. Dabei paßten sich ihre Körper dem neuen Verhalten an. Eine Gruppe von Thecodontiern begann, auf ihren Hinterbeinen zu laufen und den langen Schwanz zur Balance nach hinten auszustrecken. Aus ihnen entwickelten sich die ersten Dinosaurier. Diese flinken kleinen Ursaurier waren Raubtiere, die sich kaum von ihren Ahnen, den Thecodontiern, unterschieden.

Wie sich unterschiedliche Dinosaurierformen entwickelten

Im Laufe der Jahrmillionen wurden einige Dinosaurier zu Pflanzenfressern. Sie bekamen

▷ Unter den Tieren aus der Trias und dem frühen Jura finden wir die ersten Dinosaurier, darunter Fleischfresser wie Staurikosaurus und Coelophysis, langhalsige Pflanzenfresser wie Anchisaurus und Plateosaurus und zweibeinige Pflanzenfresser, die nur auf den Hinterbeinen laufenden Fabrosaurus und Heterodontosaurus.

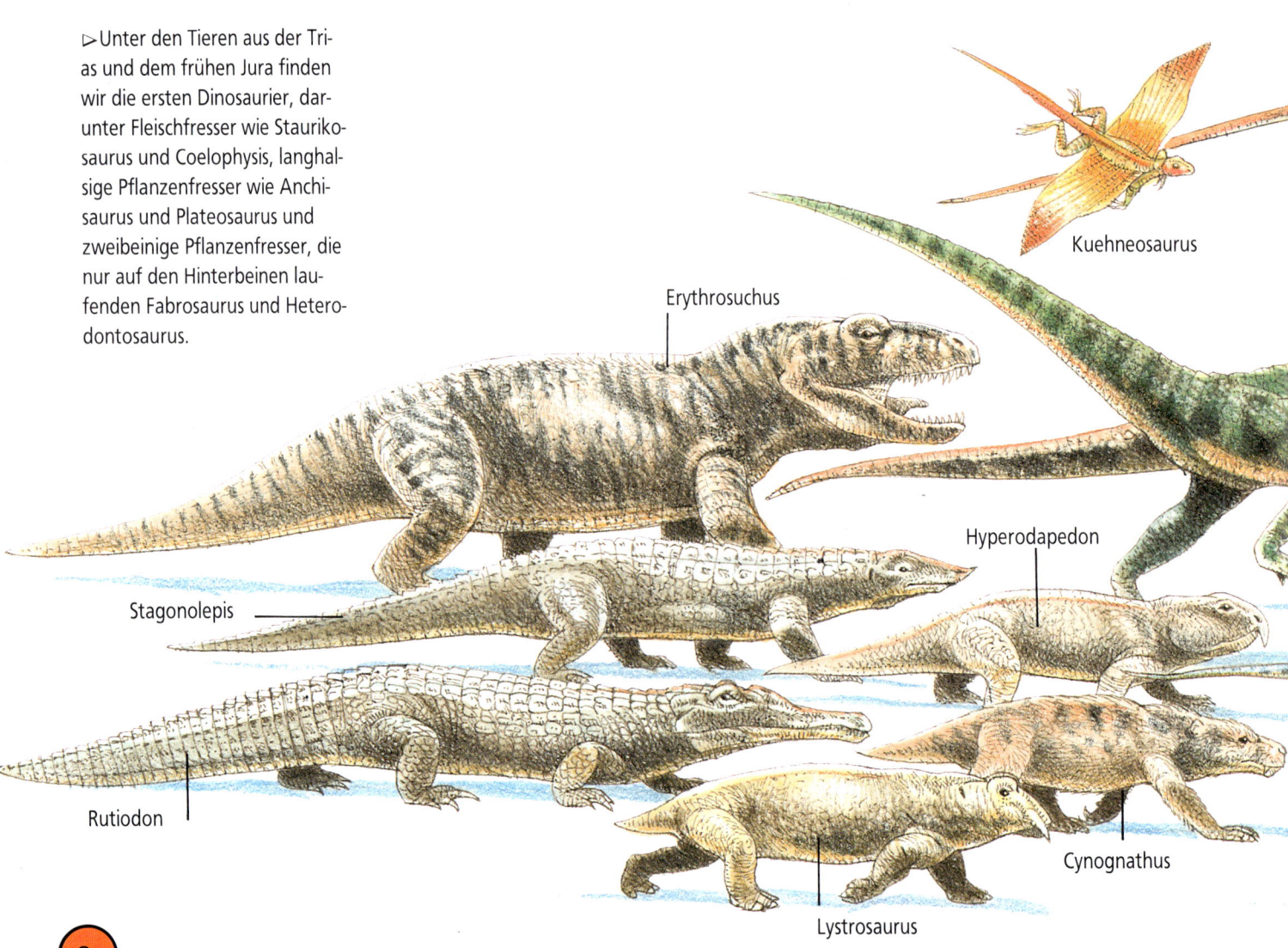

Kuehneosaurus

Erythrosuchus

Hyperodapedon

Stagonolepis

Rutiodon

Cynognathus

Lystrosaurus

8

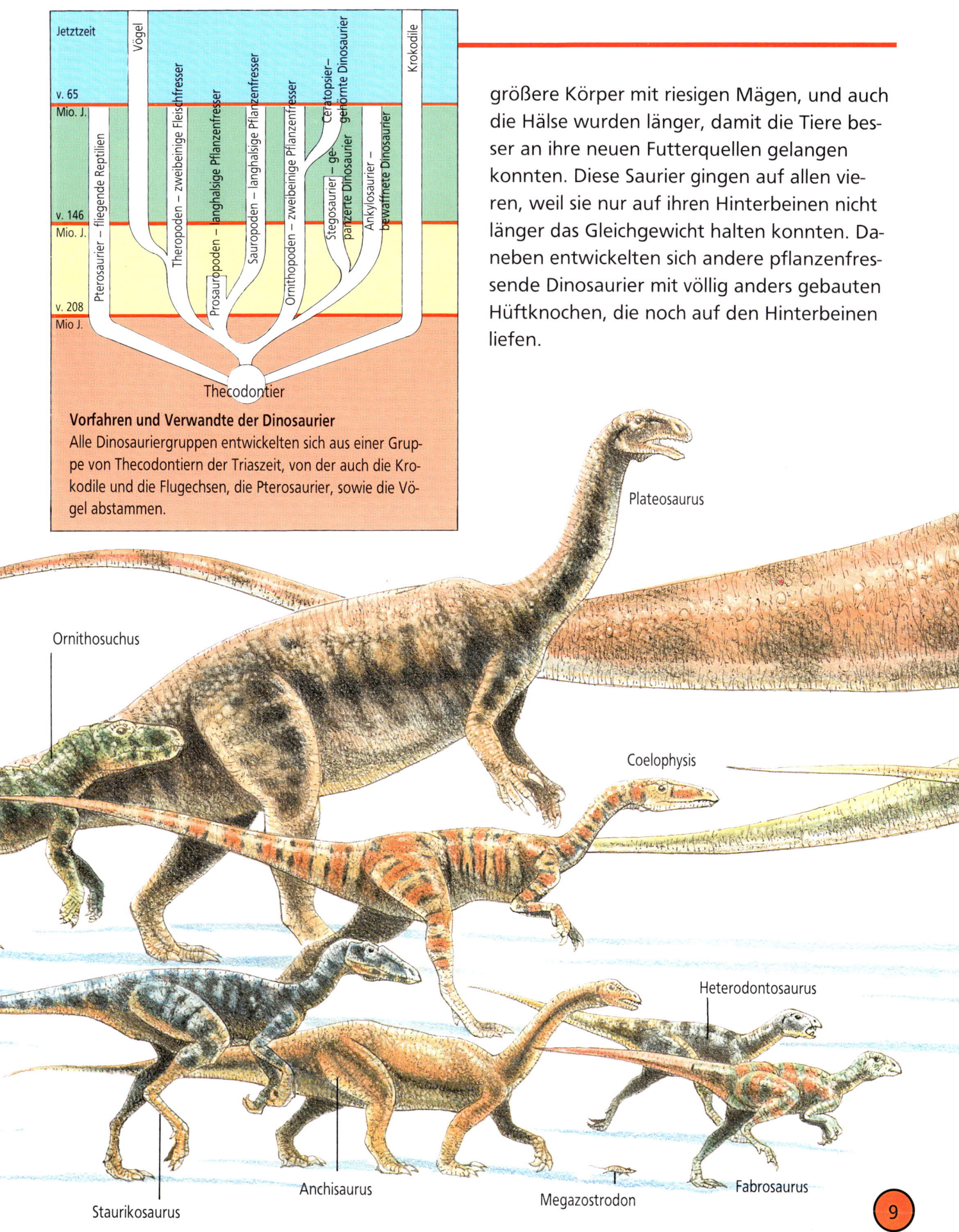

| Jetztzeit | Vögel | Theropoden – zweibeinige Fleischfresser | Prosauropoden – langhalsige Pflanzenfresser | Sauropoden – langhalsige Pflanzenfresser | Ornithopoden – zweibeinige Pflanzenfresser | Ceratopsier – gehörnte Dinosaurier | Stegosaurier – gepanzerte Dinosaurier | Ankylosaurier – bewaffnete Dinosaurier | Krokodile |

Pterosaurier – fliegende Reptilien

v. 65
Mio. J.

v. 146
Mio. J.

v. 208
Mio J.

Thecodontier

Vorfahren und Verwandte der Dinosaurier
Alle Dinosauriergruppen entwickelten sich aus einer Gruppe von Thecodontiern der Triaszeit, von der auch die Krokodile und die Flugechsen, die Pterosaurier, sowie die Vögel abstammen.

größere Körper mit riesigen Mägen, und auch die Hälse wurden länger, damit die Tiere besser an ihre neuen Futterquellen gelangen konnten. Diese Saurier gingen auf allen vieren, weil sie nur auf ihren Hinterbeinen nicht länger das Gleichgewicht halten konnten. Daneben entwickelten sich andere pflanzenfressende Dinosaurier mit völlig anders gebauten Hüftknochen, die noch auf den Hinterbeinen liefen.

Plateosaurus

Ornithosuchus

Coelophysis

Heterodontosaurus

Staurikosaurus

Anchisaurus

Megazostrodon

Fabrosaurus

DIE SAURIER ZIEHEN WEITER

Die Entwicklung der Dinosaurier setzte sich im Jura fort. Es war die Blütezeit dieser Tiere. Feuchteres Klima im Jura löste die wüstenähnliche Witterung der Trias ab. Flachmeere breiteten sich über die Kontinente aus. In den Waldungen und Urwäldern entwickelte sich eine Vielzahl neuer Dinosaurierarten. Die flinken kleinen Räuber gab es noch, daneben aber auch riesige, furchterregende Raubsaurier. Diese gewaltigen »Killerechsen« entwickelten sich, um die ihrerseits immer riesiger werdenden Pflanzenfresser jagen zu können. Die langhalsigen, vierfüßigen Pflanzenfresser

waren die größten Landtiere aller Zeiten. Zweibeinige Pflanzenfresser existierten weiterhin, aber einige von ihnen wandelten sich zu gepanzerten Ungetümen – schweren Tieren, die auch zur vierbeinigen Lebensweise zurückkehrten.

Am Himmel tummelten sich bereits fliegende Reptilien, die Flugsaurier, aber die ersten echten Vögel tauchten erst am Ende des Jura auf. Im Schatten der Dinosaurier lebten einige Arten winziger Säugetiere, die sich indessen in all den Millionen Jahren nicht weiterentwickelten.

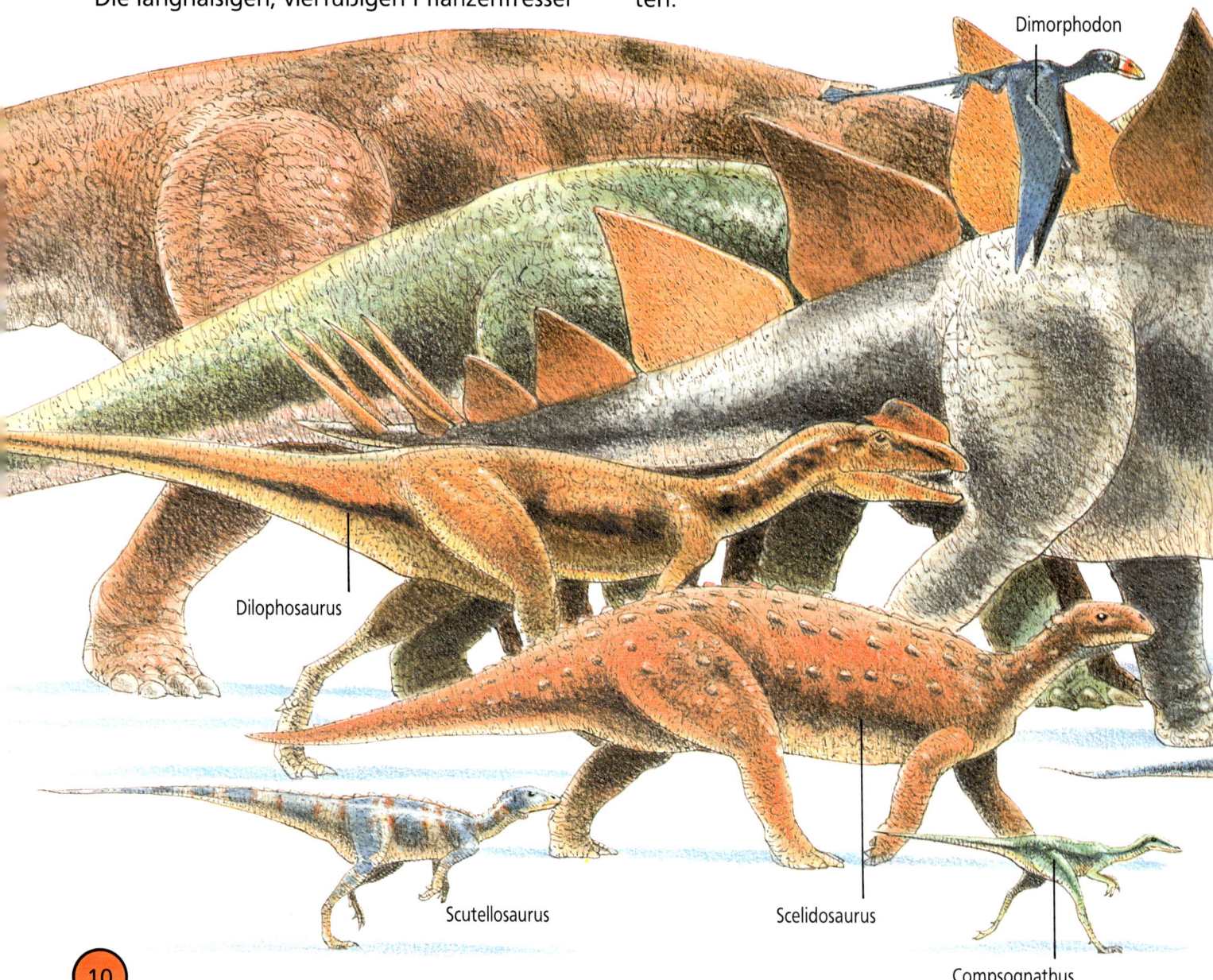

Dimorphodon

Dilophosaurus

Scutellosaurus

Scelidosaurus

Compsognathus

▽Zu den Raubsauriern des Jura zählten kleinere Formen wie Ornitholestes und Compsognathus und große Jäger wie Dilophosaurus und Ceratosaurus. Zu den langhalsigen Pflanzenfressern gehörten Shunosaurus, Diplodocus und Apatosaurus. Die zweibeinigen Pflanzenfresser sind hier durch

Scutellosaurus, Dryosaurus und Camptosaurus vertreten. Gepanzerte Pflanzenfresser wie Scelidosaurus und Stegosaurus gab es im Jura auch schon. Ein Pterosaurier jener Zeit ist das Dimorphodon.

Echsenhüftiger Dinosaurier, Beckenknochen ähnlich wie bei einer Eidechse

Vogelhüftiger Dinosaurier, Beckenknochen ähnlich wie bei Vögeln

Darmbein

Sitzbein

Schambein

Echsenhüftiger Dinosaurier

Apatosaurus

Pterodactylus

Shunosaurus

Rhamphorhynchus

Ceratosaurus

Camptosaurus

Stegosaurus

Dryosaurus

Archaeopteryx

Ornitholestes

Crusafontia

11

DAS ENDE DER DINOSAURIER

In der Kreidezeit erreicht die Entwicklung der Dinosaurier ihren Höhepunkt. Außer kleinen und großen Raubsauriern, langhalsigen und zweibeinigen Pflanzenfressern finden wir auch neuartige gepanzerte Dinosaurier, darunter Arten mit absonderlichen Hörnern.

Bis zu diesem Zeitpunkt gab es überall auf der Welt dieselben Dinosaurierarten. Jetzt tauchen auf den verschiedenen Kontinenten auch ganz unterschiedliche Typen auf. So war beispielsweise ein bestimmter zweibeiniger Pflanzenfresser in Nordamerika weit verbreitet, während in Südamerika die langhalsigen Pflanzenfresser weiterhin die Hauptrolle spielten. Nachdem die Dinosaurier am Ende der Kreidezeit ihre spektakulärsten Arten hervorgebracht hatten, verschwanden sie plötzlich und mit ihnen die Flugsaurier und andere große Reptilien jener Zeit. Statt dessen vermehrten sich die kleinen Säugetiere. So unbedeutend sie im Zeitalter der Dinosaurier auch waren, letztlich überlebten sie die Reptilien und entwickelten zahlreiche Lebensformen, die bis zum heutigen Tag erfolgreich sind.

Iguanodon

Ouranosaurus

Baryonyx

Deinonychus

Psittacosaurus

12

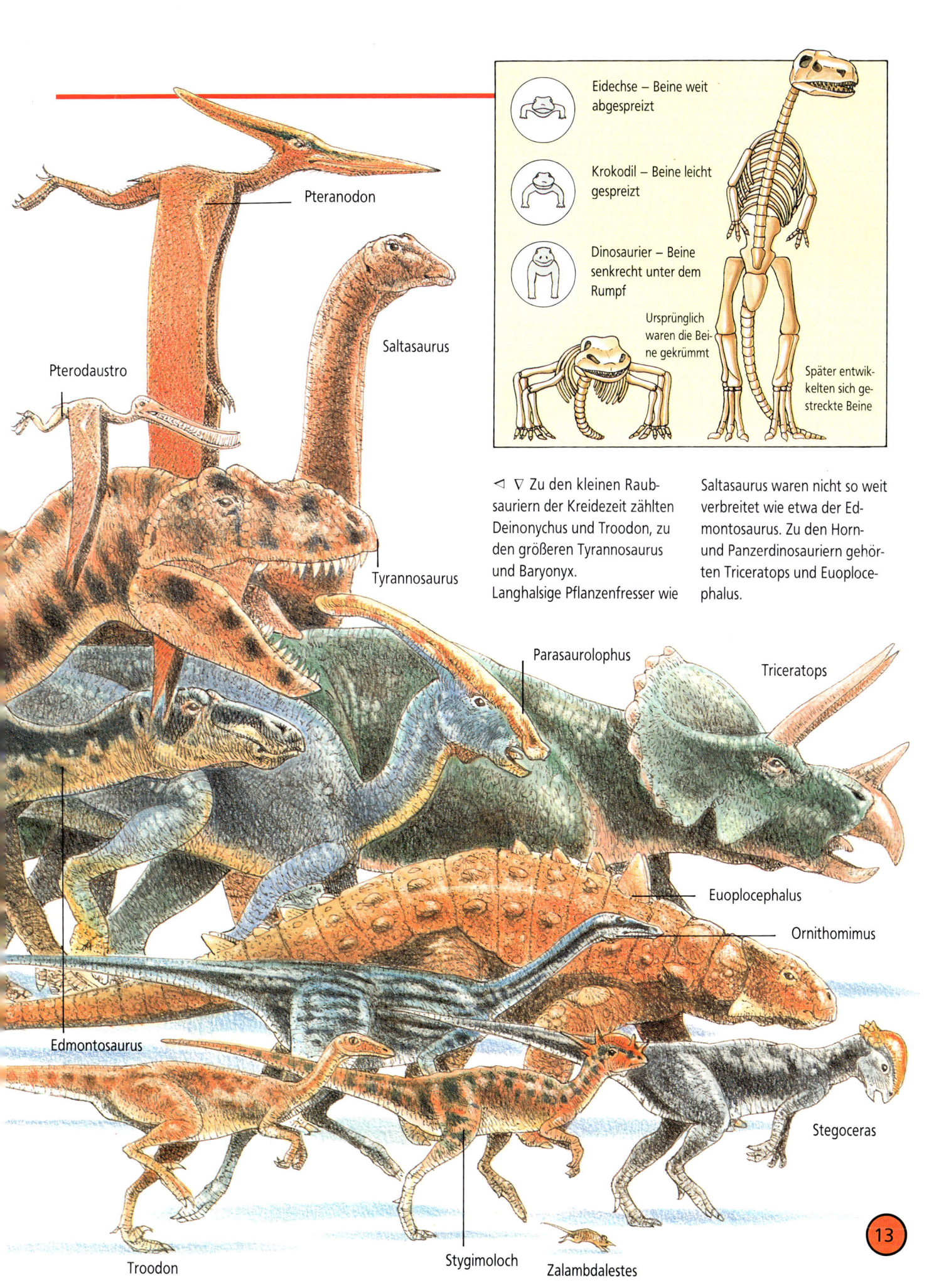

Pteranodon

Saltasaurus

Pterodaustro

Eidechse – Beine weit
abgespreizt

Krokodil – Beine leicht
gespreizt

Dinosaurier – Beine
senkrecht unter dem
Rumpf

Ursprünglich
waren die Bei-
ne gekrümmt

Später entwik-
kelten sich ge-
streckte Beine

Tyrannosaurus

◁ ▽ Zu den kleinen Raub-
sauriern der Kreidezeit zählten
Deinonychus und Troodon, zu
den größeren Tyrannosaurus
und Baryonyx.
Langhalsige Pflanzenfresser wie

Saltasaurus waren nicht so weit
verbreitet wie etwa der Edmontosaurus. Zu den Horn-
und Panzerdinosauriern gehörten Triceratops und Euoplocephalus.

Parasaurolophus

Triceratops

Euoplocephalus

Ornithomimus

Edmontosaurus

Stegoceras

Troodon

Stygimoloch

Zalambdalestes

13

DER ABLAUF DER EVOLUTION

Die Erde, wie sie heute ist, hat eine lange, lange Entwicklung hinter sich – etwa 4,6 Milliarden Jahre. Zuerst war die Erde nichts weiter als eine Kugel aus heißem, flüssigem Gestein. Dann kühlte sie allmählich ab. Vermutlich bildeten sich die ersten Lebensformen bereits, als die Oberfläche der Erde fest und kühl genug dafür war.

Zuerst bestand dieses urtümliche »Leben«

wohl nur aus Molekülen, aus kleinsten Einheiten organischer Materie, die sich selbst reproduzieren, also vervielfältigen konnten. Dabei wurde jede Veränderung der Moleküle, die die Fortpflanzungschancen erhöhte, an die Moleküle der nächsten Generation weitergegeben. Hierdurch kam wohl der ganze Evolutionsprozeß in Gang. Die Evolution ist ein Vorgang, bei dem sich neue Arten von Lebewesen aus bestehendem Leben entwickeln.

Die frühen Lebensformen hinterließen keine versteinerten Überreste oder Fossilien, und über einen Zeitraum von mehr als sieben Achteln der Erdgeschichte können wir nur ganz grobe Vermutungen über damals existierendes Leben anstellen.

▽ Die Veränderungen der Erdoberfläche vom Beginn ihrer Abkühlung bis heute. Jede Ebene des gefalteten Bandes stellt mehr als eine Milliarde Jahre dar.

Eiszeit

Massensterben

Erste Landtiere

Erste Landpflanzen

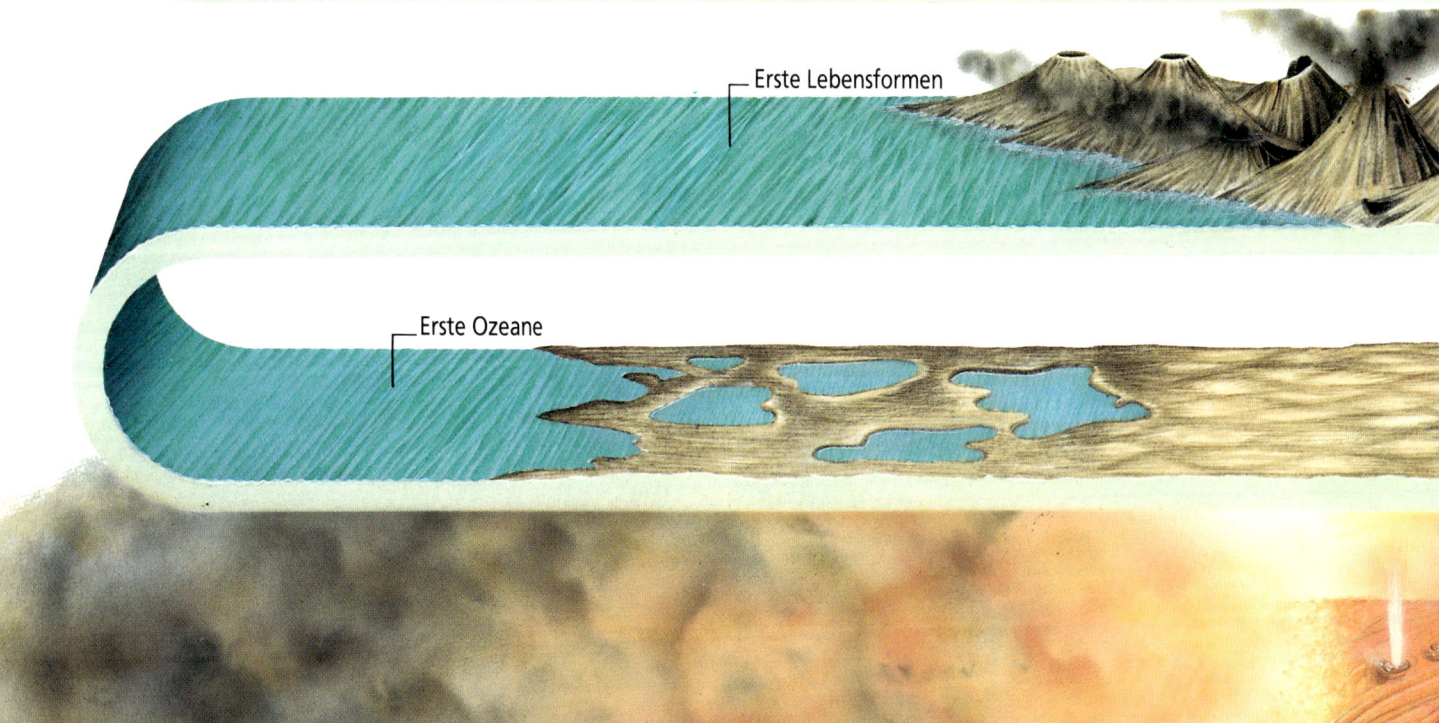

Erste Lebensformen

Erste Ozeane

Vor 570 Millionen Jahren entwickelten sich dann Tiere mit harten Schalen, die Fossilien hinterließen. Von diesem Zeitpunkt an bekommen wir ein klareres Bild von der Entwicklung des Lebens. Zuerst gab es nur Leben im Meer. Doch vor etwa 420 Millionen Jahren breiteten sich Tiere und Pflanzen auch auf dem Land aus. Manche Fische verließen das Wasser und wurden zu Amphibien, zu denen heute etwa die Frösche und Kröten zählen. Aus den Amphibien entwickelten sich die Reptilien. Die Zeit vor 245 bis vor 65 Millionen Jahren wird als das Zeitalter der Reptilien bezeichnet. Hierzu gehörte auch die Zeit der Dinosaurier. Als sie ausstarben, brach das Zeitalter der Säugetiere an, das bis zum heutigen Tag andauert.

Die geologischen Zeitalter

Geologie ist die Wissenschaft von der Entwicklungsgeschichte der Erde und vom Aufbau ihrer Gesteine. Die geologische Geschichte der Erde ist so alt, daß die Wissenschaft sie in mehrere Abschnitte oder Perioden einteilt. Jede wird durch die zu ihrer Zeit lebenden Tiere gekennzeichnet und somit durch die Fossilien, die wir heute in alten Gesteinsschichten finden. Die Dinosaurier lebten im Zeitalter der Reptilien – in der Trias, dem Jura und der Kreide.

Holozän, vor 0,01 Mio. J. - heute: Neuzeit

Pleistozän, vor 1,64 - 0,01 Mio. J. Eiszeitsäugetiere, darunter auch Urmenschen

Pliozän, vor 5,2 - 1,64 Mio. J. Kaltes Klima. Ähnliche Säugetiere wie in der Neuzeit.

Miozän, vor 23,5 - 5,2 Mio. J. Gebirge bilden sich. Weite Verbreitung grasfressender Säugetiere.

Oligozän, vor 35,5 - 23,5 Mio. J. Kaltes Klima. Säugetiere nehmen allmählich die Gestalt heutiger Arten an.

Eozän, vor 56,5 - 35,5 Mio. J. Wälder. Säugetiere breiten sich weiter aus.

Paläozän, vor 65 - 56,5 Mio. J. Wälder. Entwicklung unterschiedlicher Säugetierformen.

Kreide, vor 146 - 65 Mio. J. Wälder, danach Flachmeere. Die Dinosaurier sterben aus.

Jura, vor 208 - 146 Mio. J. Flachmeere, bewaldete Inseln. Erste Vögel.

Trias, vor 245 - 208 Mio. J. Trockenes Land mit Wüsten. Erste Dinosaurier und Säugetiere.

Perm, vor 290 - 245 Mio. J. Berge und Wüsten. Reptilien beherrschen das Leben an Land.

Karbon, vor 363 - 290 Mio. J. Meere, Sümpfe, dann Eiszeiten. Erste Reptilien und Fluginsekten.

Devon, vor 409 - 363 Mio. J. Berge und Seen. Erste Amphibien und Insekten.

Silur, vor 439 - 409 Mio. J. Zunächst eisbedeckte, dann offene Meere. Erste Landpflanzen, Skorpione und Tausendfüßler.

Ordovizium, vor 510 - 439 Mio. J. Trockenes Land ohne Pflanzen, dann bilden sich Meere. Erste Fische, viele Meeresschnecken.

Kambrium, vor 570 - 510 Mio. J. Große Ozeane. Erste Schalentiere (Trilobiten).

Präkambrium, vor 4600 - 570 Mio. J. Flachmeere. Nur einfache Lebensformen.

Erste Tiere mit harten Schalen

Erste Spuren von Sauerstoff in der Atmosphäre

Die Erdoberfläche kühlt ab

Vor 4,6 Milliarden Jahren
Präkambrium

DIE ERDE VERÄNDERT SICH

vor 360 bis 286 Mio. J.
Im Karbon bildeten die meisten Erdteile (graue Flächen) eine riesige Landmasse, auf die kleinere Kontinente zudrifteten.

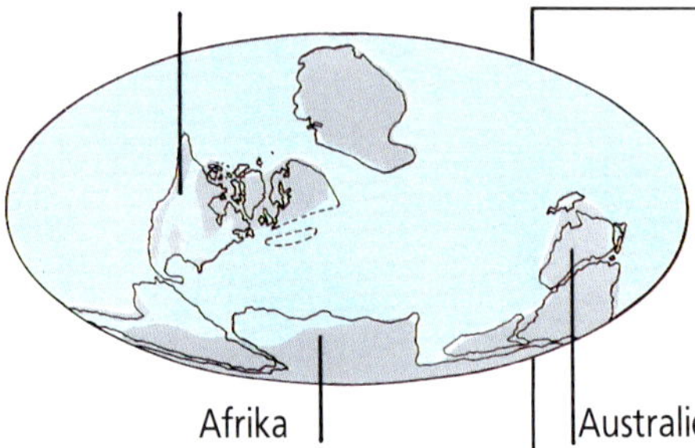

Nordamerika

Afrika

Australien

vor 245 bis 208 Mio. J.
In der Trias, als die ersten Dinosaurier auftauchten, bildeten die zusammenhängenden Erdteile den Urkontinent Pangäa.

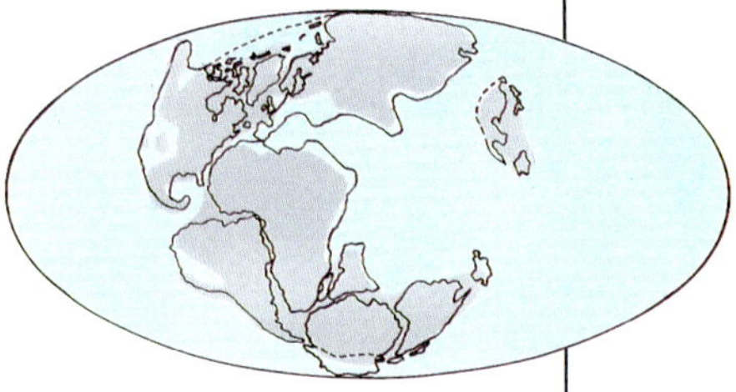

vor 208 bis 146 Mio. J.
Im Jura war Pangäa noch ein zusammenhängender Kontinent, der sich jedoch allmählich zu spalten begann. Weite Landstriche Pangäas wurden durch Flachmeere überflutet.

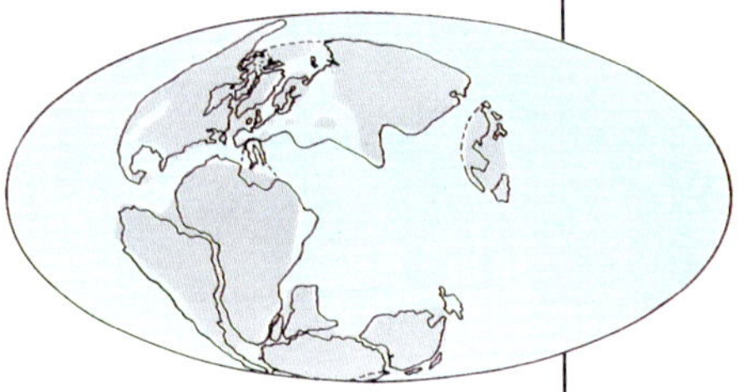

Wie früher die Dinosaurier, leben auch wir in einer sich ständig wandelnden Welt. Unter dem Einfluß von Regen, Flüssen, Gletschern, Wind und anderen natürlichen Prozessen wird die Erdoberfläche ständig ausgewaschen und abgetragen. Im Lauf von Jahrmillionen verwittern Gebirge zu Geröll und Sand, der dann wiederum von Bächen und Flüssen bis ins Flachland oder ins Meer fortgeschwemmt wird. Dort bildet sich daraus neues Gestein, ganz langsam wachsen Berge in die Höhe, und an den Küsten vergrößern sich die Landmassen.

Aber auch Form und Lage der Kontinente verändern sich ständig. Die Erdteile schieben sich langsam über die Erdoberfläche. Unser Planet besteht aus mehreren Schichten – dem Kern, dem Mantel und der Kru-

Der Aufbau der Erde
Der Mantel bildet den Hauptanteil der Erde. Bewegungen innerhalb des Mantels, bei denen flüssiges Gesteinsmaterial aufsteigt und sich verteilt, während kaltes Material absackt, verursachen Bewegungen in den äußersten Erdschichten. Die oberste Schicht der Erde heißt Kruste.

Eine Meeresplatte schiebt sich unter eine Kontinentalplatte

Ozeanischer Rücken

Küstengebirgskette

Vulkane

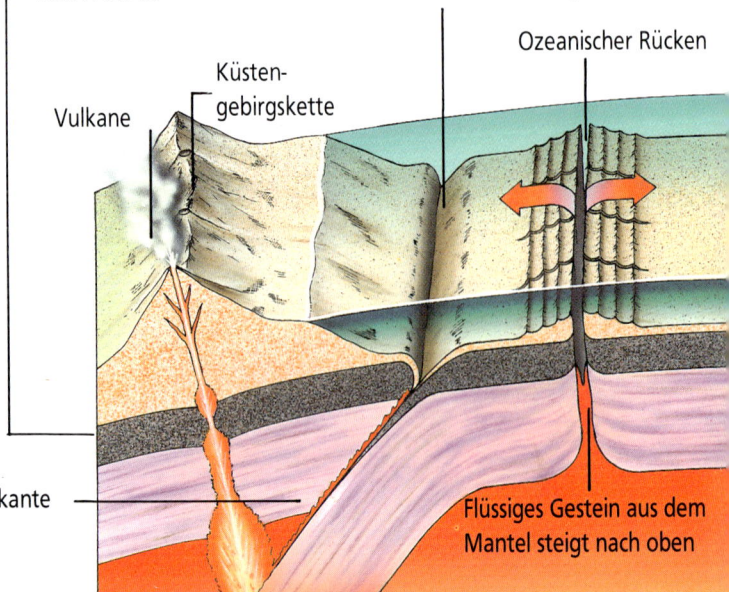

Plattenabbruchkante

Flüssiges Gestein aus dem Mantel steigt nach oben

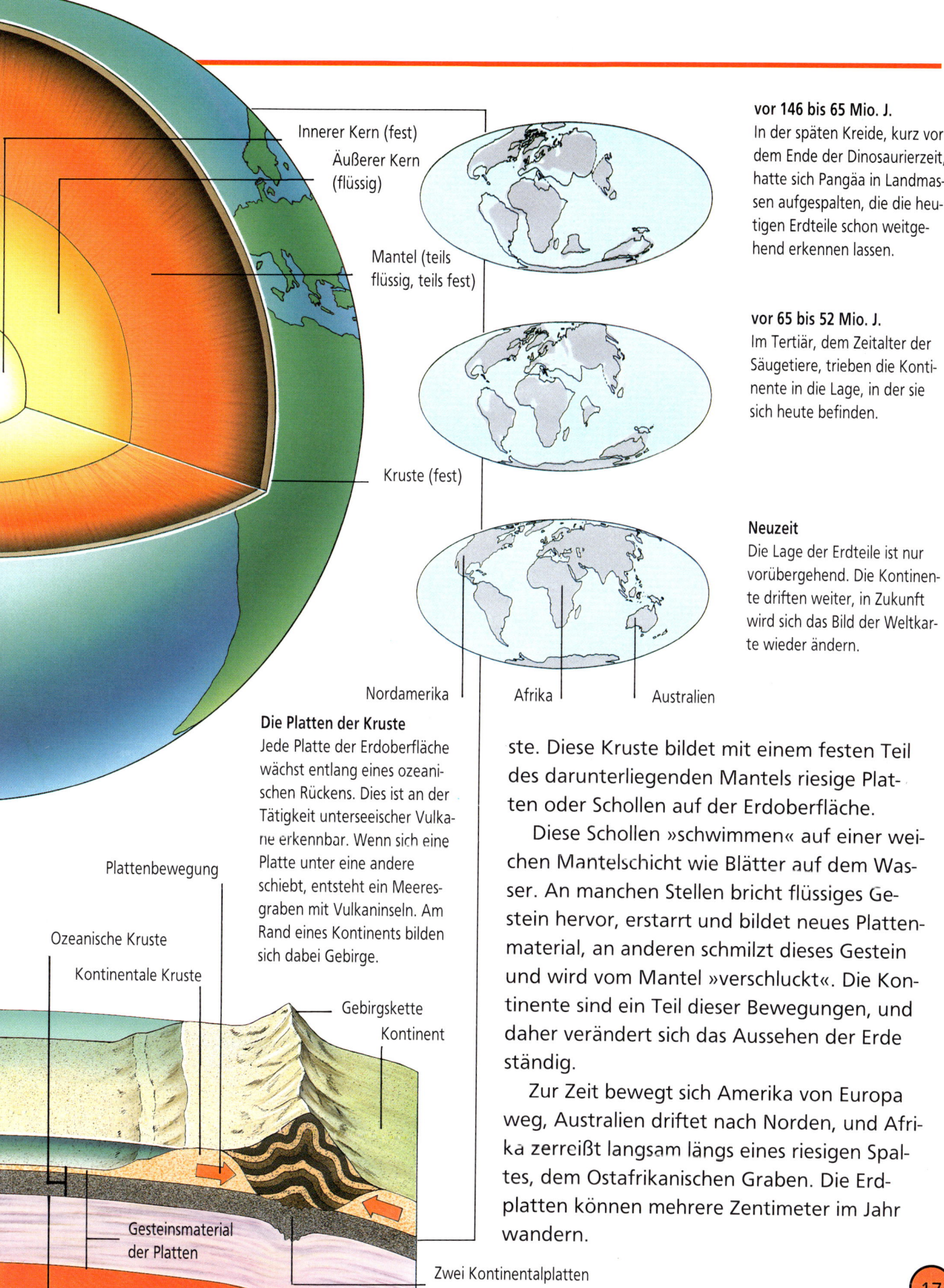

Innerer Kern (fest)

Äußerer Kern (flüssig)

Mantel (teils flüssig, teils fest)

Kruste (fest)

vor 146 bis 65 Mio. J.
In der späten Kreide, kurz vor dem Ende der Dinosaurierzeit, hatte sich Pangäa in Landmassen aufgespalten, die die heutigen Erdteile schon weitgehend erkennen lassen.

vor 65 bis 52 Mio. J.
Im Tertiär, dem Zeitalter der Säugetiere, trieben die Kontinente in die Lage, in der sie sich heute befinden.

Neuzeit
Die Lage der Erdteile ist nur vorübergehend. Die Kontinente driften weiter, in Zukunft wird sich das Bild der Weltkarte wieder ändern.

Nordamerika   Afrika   Australien

Die Platten der Kruste
Jede Platte der Erdoberfläche wächst entlang eines ozeanischen Rückens. Dies ist an der Tätigkeit unterseeischer Vulkane erkennbar. Wenn sich eine Platte unter eine andere schiebt, entsteht ein Meeresgraben mit Vulkaninseln. Am Rand eines Kontinents bilden sich dabei Gebirge.

ste. Diese Kruste bildet mit einem festen Teil des darunterliegenden Mantels riesige Platten oder Schollen auf der Erdoberfläche.

Diese Schollen »schwimmen« auf einer weichen Mantelschicht wie Blätter auf dem Wasser. An manchen Stellen bricht flüssiges Gestein hervor, erstarrt und bildet neues Plattenmaterial, an anderen schmilzt dieses Gestein und wird vom Mantel »verschluckt«. Die Kontinente sind ein Teil dieser Bewegungen, und daher verändert sich das Aussehen der Erde ständig.

Zur Zeit bewegt sich Amerika von Europa weg, Australien driftet nach Norden, und Afrika zerreißt langsam längs eines riesigen Spaltes, dem Ostafrikanischen Graben. Die Erdplatten können mehrere Zentimeter im Jahr wandern.

Plattenbewegung

Ozeanische Kruste

Kontinentale Kruste

Gebirgskette Kontinent

Gesteinsmaterial der Platten

Mantel

Zwei Kontinentalplatten stoßen aneinander

WIE ALLES BEGANN

Über den ersten Abschnitt der Geschichte des Lebens auf der Erde, das Zeitalter des Präkambriums, wissen wir sehr wenig. Alle Lebewesen hatten weiche Körper und hinterließen kaum Fossilien. Im darauf folgenden Kambrium entwickelten die Tiere dann harte Schalen. Erst sie haben Spuren in Form von Fossilien hinterlassen. Warum dieser Prozeß stattfand, wissen wir nicht. Seitdem können wir die Evolution mit einiger Sicherheit verfolgen.

Für die Geschichte der Dinosaurier sind zwei Ereignisse von höchster Bedeutung: die Entwicklung der Wirbeltiere und die Eroberung des Festlandes durch die Tiere. Die ersten Wirbeltiere waren die Fische. Sie entwickelten sich aus wurmähnlichen Lebewesen, deren langer Körper durch einen steifen Knorpelstab gestützt wurde.

Bei den frühen Fischen teilte sich diese steife Stange in kleine Abschnitte auf, wodurch

Frühe Lebensformen

Die ersten Lebewesen waren Einzeller. Sie müssen den Blaugrünalgen unserer Zeit geähnelt haben. Heute fangen diese Algen in wahren Teppichen Schlammteilchen auf und bilden daraus Klumpen, die Stromatolithen, wie hier auf diesem Foto. Versteinerte Stromatolithen sind aus präkambrischem Gestein bekannt.

Einzellige Blaugrünalge

Kambrium (vor 570 bis 510 Mio. J.)

Die frühesten Fossilien finden sich in Gestein aus dem Kambrium. Sie stammen von schwamm- und wurmähnlichen Meerestieren und von den ersten Tieren mit hartschaligem Körper.

Ordovizium (vor 510 bis 439 Mio. J.)

Die Urfische entwickelten sich im Ordovizium, doch häufiger sind Fossilien von Armfüßern, perlbootähnlichen Tieren, Trilobiten und Seelilien.

sie biegsam wie eine Kette wurde. An beiden Seiten des Körpers bildeten sich Hautlappen heraus und ermöglichten das Schwimmen. Und das Gehirn vorn im Tier wurde zum Schutz in einen Kasten, den Schädel, eingebettet. Dieser Fischbauplan mit Rückgrat, Flossen und Schädel hatte sich bis zum Devon herausgebildet. Die Atmosphäre – die Gashülle, die die Erde umgibt – setzte sich fast die gesamte Erdgeschichte hindurch aus giftigen Gasen zusammen. Mit den ersten Urtieren des Meeres entwickelten sich auch die ersten urtümlichen Pflanzen. Pflanzen verwenden das Sonnenlicht als Energie, um sich zu ernähren. Dabei produzieren sie Sauerstoff. Als Leben nur im Meer existierte, stieg Sauerstoff in Blasen von Seetang und anderen Urpflanzen auf. Im Silur gab es dann endlich genügend Sauerstoff in der Atmosphäre, um Leben außerhalb des Wassers zu ermöglichen.

Silur (vor 439 bis 409 Mio. J.)
Häufige Fossilien aus dem Silur stammen vor allem von Trilobiten und Korallen. Fossilien der ersten Landtiere dieser Zeit sind selten.

Devon (vor 409 bis 363 Mio. J.)
Im Devon breitete sich das Leben an Land aus, im Meer gab es zahlreiche Fische. Das Devon heißt daher das Zeitalter der Fische.

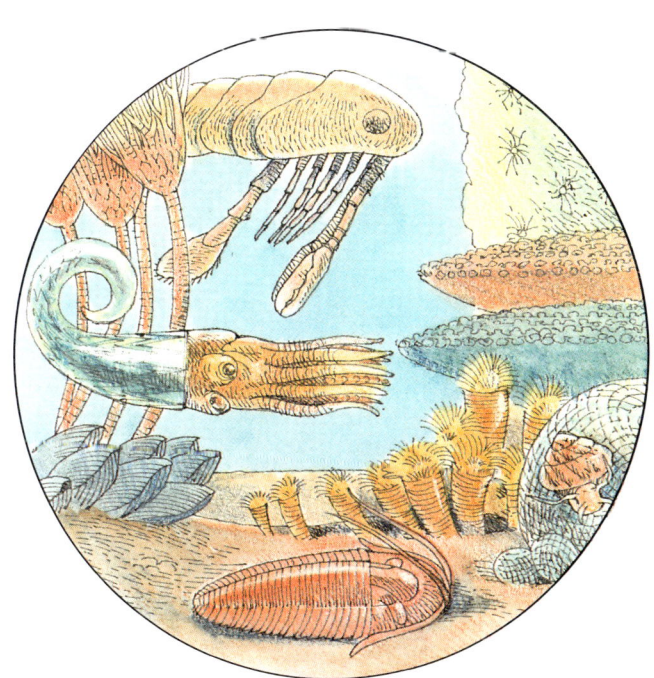

VOR DEN DINOSAURIERN

Das erste Wirbeltier, das an Land lebte, war vermutlich eine Fischart, die dem heutigen Lungenfisch ähnelte. Dieses Tier besaß wahrscheinlich eine Lunge zum Atmen und ein Paar muskulöse Flossen, mit denen es sich über Land zog. Es muß in der Lage gewesen sein, für kurze Zeit an Land zu leben. So konnte es überleben, wenn Gewässer austrockneten, und Spinnen und Insekten jagen, die damals schon an Land lebten.

Im Devon tauchten die ersten Amphibien auf. Sie waren dem Lungenfisch sehr ähnlich. Sie besaßen Fischköpfe und Fischschwänze, aber auch schon starke Rippen, damit ihre Lungen arbeiten konnten, und richtige Beine mit Zehen. Einige konnten lange Zeit außerhalb des Wassers leben, mußten aber zur Eiablage dorthin zurückkehren.

Im Karbon bildeten die unzähligen Flüsse mit breiten Deltas und Sümpfen einen idealen

Hylonomus

Karbon (vor 363 Mio. J.)
Amphibien und Insekten bevölkerten die Wälder der Karbonzeit, die auch die Heimat des ersten bekannten Reptils, des Hylonomus, waren.

Edaphosaurus   Dimetrodon

Diplocaulus

Dicynodon   Lycaenops

Cistecephalus

Perm (vor 290 Mio. J.)
Die Wüstenoasen des Perm bildeten einen idealen Lebensraum für Amphibien, doch noch erfolgreicher vermehrten sich Reptilien wie der in Herden lebende Edaphosaurus und der Räuber Dimetrodon.

△ Die Reptilien der späten Permzeit ähnelten den Säugetieren in Haltung, Anordnung der Zähne und Aussehen. Zu ihnen gehörten der »hasenköpfige« Dicynodon, der wolfsähnliche Lycaenops und der maulwurfsartige Cistecephalus.

▽ Bis zur Trias hatten die Reptilien viele verschiedene Typen entwickelt. Eines der säugerähnlichen Reptilien war der nilpferdartige Lystrosaurus.

Lebensraum für unzählige Amphibienarten. Gleichzeitig traten auch die ersten Reptilien auf. Im Gegensatz zu den Amphibien legten die Reptilien Eier mit einer schützenden Hülle.

Das anschließende Perm war eine Zeit der Wüsten und Gletscher. In diesem trockenen Klima gediehen die Reptilien am besten. Die Hauptarten der Reptilien besaßen säugetierähnliche Eigenschaften: Sie hatten unterschiedlich große Zähne, und ihre Beine standen senkrecht unter dem Rumpf.

In der Trias gab es weiterhin Wüsten. Die großen Amphibien starben aus. Die säugetierähnlichen Reptilien verschwanden, aber erst, nachdem sich die ersten echten Säugetiere aus ihnen entwickelt hatten. Die Thecodontier wurden zur wichtigsten Tiergruppe, aus der – neben anderen Lebewesen – auch die Dinosaurier hervorgingen.

DIE SPÄTE TRIAS
Vor 245 bis 208 Millionen Jahren

Nadelbaum

Schachtelhalm

Desmatosuchus

Rutiodon

Farne

In der späten Trias, der ersten Periode des Zeitalters der Dinosaurier, herrschten auf weiten Teilen unseres Planeten noch wüstenähnliche Bedingungen. Alle Kontinente hingen in einer riesigen Landmasse zusammen, dem Urkontinent Pangäa. Die feuchten Seewinde erreichten nicht das Innere dieses Superkontinents, und deshalb herrschte hier ein heißes und trockenes Klima. In der vorhergehenden Permzeit hatten sich beim Zusammenprall der Kontinente viele Gebirge aufgefaltet. In der Trias waren diese Berge bereits größtenteils zu Hügeln abgetragen.

In dieser urtümlichen Landschaft lebten die letzten säugetierähnlichen Reptilien. Unter ihnen waren Hauerzahnsaurier, Thecodontier wie der gepanzerte Desmatosuchus und das krokodilartige Rutiodon. Es gab auch schon frühe Dinosaurier wie Coelophysis. Gebirgszüge falteten sich an den Rändern der

Placerias

Kontinente auf, Sturzbäche schwemmten Geröll und Sand von den noch jungen Rocky Mountains in das Gebiet des heutigen Arizona. Gruppen von Nadelbäumen und Palmfarnen mit dicken Stämmen (ähnlich den heutigen Baumfarnen) säumten diese Gewässer. Kleine Pflanzen, hauptsächlich Farne, bedeckten den Boden der Waldgebiete.

Woher wissen wir das alles? Die Überreste dieser Pflanzen befinden sich jetzt im »Versteinerten Wald«, dem Petrified Forest, einem Nationalpark in Arizona. Die versteinerten Stämme der Nadelbäume liegen in der Wüstenlandschaft; das darüberliegende Gestein wurde von Wind und Wetter fortgetragen.

Im Gebiet des heutigen Südamerika entwickelten sich schnelle Dinosaurier wie Staurikosaurus, und in Europa lebte Plateosaurus, der erste große Dinosaurier.

△ Im Gebiet des heutigen Arizona wuchsen Nadelbäume, Palmfarne, Farne und Riesenschachtelhalme. Frühe Raubsaurier wie Coelophysis lebten dort neben krokodil- und säugetierähnlichen Reptilien.

Coelophysis

FRÜHER UND MITTLERER JURA
Vor 208 bis 157 Millionen Jahren

Im frühen Jura war der Urkontinent Pangäa noch nicht zerfallen. Nur kurze Zeit später begann er sich allerdings zu zerteilen. Spalten bildeten sich entlang der Linie, an welcher Nordamerika später von Afrika abreißen sollte.

Seichte Meere breiteten sich allmählich über der Oberfläche von Pangäa aus. Sie brachten ein feuchteres Klima tief ins Innere des Kontinents, und Wälder gediehen, wo vorher Wüsten waren. Meere überfluteten das Tiefland zwischen Nordamerika und Afrika.

Zu jener Zeit bestand das heutige Europa aus flachen Inseln inmitten eines Flachmeeres. Meeresreptilien wie der glatte, delphinähnliche Ichthyosaurus und der langhalsige Plesiosaurus jagten Fische und Ammoniten mit spiralenförmigem Gehäuse in den warmen, seichten Gewässern. Die Vegetation auf den Inseln war wohl dieselbe wie in der Trias. Der frühe gepanzerte Dinosaurier Scelidosaurus lebte hier und mußte sich vor den großen Raubsauriern hüten. Am Himmel kreisten große Flugsaurier.

Am anderen Ende von Pangäa, wo heute Südafrika liegt, gab es pflanzenfressende Dinosaurier wie Heterodontosaurus und Massospondylus sowie Raubsaurier wie Syntarsus.

▷ Südengland vor etwa 165 Millionen Jahren. Ein Plesiosaurier hievt sich neben einem toten Ichthyosaurier an den Strand. Links naht ein großer Raubsaurier und von rechts ein Scelidosaurus. Mehrere Dimorphodonten, fliegende Reptilien, kreisen in der Luft.

Großer Raubsaurier, ein Verwandter des Megalosaurus

Plesiosaurus

Dimorphodon

Scelidōsaurus

Ichthyosaurus

SPÄTER JURA
Vor 157 bis 146 Millionen Jahren

Am Übergang vom mittleren zum späten Jura riß der Urkontinent Pangäa allmählich auseinander. Flachmeere überspülten weitere tiefgelegene Gebiete. Ein Meer, das heute Sundance-Meer genannt wird, überschwemmte von Norden nach Süden den nordamerikanischen Kontinent. Es trennte die neu aufgefalteten Rocky Mountains im Westen vom östlichen Hauptteil des Kontinents. Vom Fuß der Berge bis zum Meer entstand eine weite Ebene aus Sand und Kieseln. Trotz der Nähe zum Meer war diese Ebene ziemlich trocken. Pflanzen in großen Mengen wuchsen nur entlang der

Comodactylus

▷Pflanzenfressende Dinosaurier, Raub- und Flugsaurier lebten in und um einen Nadelwald in einer trockenen Ebene in Colorado.

Allosaurus

Stegosaurus

Ornitholestes

26

Apatosaurus

Brachiosaurus

Ceratosaurus

Mesadactylus

vielen Wasserläufe. Die hier entstandenen Felsen bestehen aus Sandstein, Tonstein und Schluff in einer beeindruckenden Schichtenfolge, der sogenannten Morrison-Formation. Teile der Ränder dieser Schichten kann man in Montana, Utah, Colorado und New Mexico sehen.

Die Morrison-Formation isl so reich an Überbleibseln von Dinosauriern, daß sie zwischen 1877 und 1900 zum Schauplatz regelrechter Fossiljagden wurde. Dank der Fossilienfunde können wir uns ein Bild von dieser weiten Ebene machen, mit Nadelwäldern und Farnen entlang der Gewässer, bewohnt von großen pflanzenfressenden Dinosauriern wie Apatosaurus und Brachiosaurus sowie gepanzerten Dinosauriern wie Stegosaurus. Sie wurden gejagt und getötet von Fleischfressern wie Ceratosaurus und Allosaurus. Auch kleinere Raubsaurier und Flugsaurier lebten hier.

DIE FRÜHE KREIDE
Vor 146 bis 97 Millionen Jahren

In der frühen Kreide war die Aufspaltung Pangäas bereits in vollem Gang. Ein Ozean hatte sich zwischen Nordamerika und Afrika geschoben, im Norden hingen Nordamerika und Europa allerdings noch zusammen. Afrika und Südamerika bildeten noch eine Landmasse, doch die Antarktis und Indien hatten sich als Inseln abgetrennt. Zu Beginn dieses Zeitalters waren die Flachmeere verschwunden, die bis dahin Nordeuropa überzogen hatten. Ein großer Süßwassersee, der Wealden, blieb über Südengland und Nordfrankreich zurück, umsäumt von Kreidefelskämmen der Karbonzeit. Nördlich davon lag ein noch älterer Gebirgszug.

▽ Iguanodon- und Hypsilophodonherden durchstreifen die üppige Vegetation im Gebiet des heutigen Südengland.

Iguanodon

Hylaeosaurus

28

Ornithodesmus

Baryonyx

Hypsilophodon

An den Ufern des Wealden lebte auch das Iguanodon in Herden und ernährte sich von Schachtelhalmen. Gelegentlich entdecken Forscher versteinerte Fuß- und Hautabdrücke dieser Tiere im Tonstein, wo sich diese Dinosaurier im Schlamm gewälzt hatten. Auch das schnellfüßige Hypsilophodon, der fleisch- oder fischfressende Baryonyx und der gepanzerte Hylaeosaurus lebten hier. Über ihren Köpfen tummelten sich große Flugsaurier wie Ornithodesmus.

Die Schlamm- und Tonablagerungen aus dem Wealden sind unter dem Namen Wealden-Formation bekannt. Sie enthalten die Fossilien von Nadelbäumen, Farnen, Baumfarnen, Ginkgos und frühen Blütenpflanzen neben denen der Tiere jener Zeit. Schlammrisse und Regenkuhlen im Schlammstein lassen erkennen, wo die seichten Gewässer hin und wieder austrockneten.

29

DIE SPÄTE KREIDE
Vor 97 bis 65 Millionen Jahren

In der späten Kreide, gegen Ende des Zeitalters der Dinosaurier, gab es Pangäa nicht mehr. Der Urkontinent war vollständig auseinandergebrochen. Nordamerika war von Südamerika und Europa getrennt, zwischen Afrika und Südamerika lag schon der Atlantik. Doch die Antarktis und Australien bildeten noch eine Landmasse, und Nordamerika war mit Nordostasien durch eine Landbrücke verbunden. Weite Landstriche waren von seichten Meeren bedeckt. Eines dieser breiten Flachmeere, die Niobrara-See, teilte Nordamerika der Länge nach.

▽ Dicht bewaldete Landschaft im Gebiet des heutigen Wyoming. Edmontosaurier laufen querfeldein und machen einen großen Bogen um den Tyrannosaurus. Darüber Vögel, die unseren heutigen Vögeln schon recht ähnlich sind.

Edmontosaurus

Ankylosaurus

Triceratops

Thescelosaurus

Tyrannosaurus

Leptoceratops

Das Vegetation änderte sich ständig. Die riesigen Nadel- und Farnwälder wurden abgelöst
von Eichen- und Weidenwäldern. Blütenpflanzen bildeten das Unterholz. In den wärmeren
Gebieten wuchsen Palmen. Im Gebiet des heutigen US-Staates Wyoming gab es solch einen
Wald. Hier weideten Herden zweibeiniger
Pflanzenfresser wie etwa die riesigen Edmontosaurier, Hornsaurier wie Triceratops und Leptoceratops sowie gepanzerte Riesen wie die
Ankylosaurier. Auf sie alle machten große Räuber wie Tyrannosaurus Jagd. Die Überreste
dieser Dinosaurier wurden in den Gesteinsschichten der Lance-Formation gefunden.

DER AUFSTIEG DER SÄUGETIERE

Die Dinosaurier und viele andere Tiere der Urzeit starben vor etwa 65 Millionen Jahren plötzlich aus, zu einem Zeitpunkt, der das Ende der Kreidezeit markiert. Wir wissen nicht, warum das geschah. Möglicherweise veränderte die Bewegung der Kontinente das Klima; das Wetter wurde zu heiß oder zu kalt. Vielleicht verbreiteten sich Krankheiten unter den Dinosauriern. Oder sie konnten sich der veränderten Pflanzenwelt nicht anpassen. Vielleicht ereignete sich eine große Katastrophe, und die Erde wurde von einem Riesenmeteoriten getroffen? Was auch immer geschah: Alle Dinosaurier wurden vernichtet und mit ihnen andere große Reptilien jener Zeit.

Nach dem Aussterben der großen Reptilien war die Stunde der kleinen Säuger gekommen, die 160 Millionen Jahre nur ein Schattendasein geführt hatten. Die Pterosaurier, fliegende Reptilien, wurden durch geflügelte Säugetiere, die Fledermäuse, abgelöst. An die Stelle der Ichthyosaurier traten schwimmende Säuger, die Wale. Die verschiedenen Dinosaurierarten – die Fleischfresser und die vielen großen und kleinen Pflanzenfresser – wichen allen möglichen fleisch- und pflanzenfressenden Säugetieren. Diese verbreiteten sich von den tropischen Wäldern über die Wüsten bis zur polaren Wildnis. Auch die Vögel vermehrten sich und gewannen an Bedeutung.

Anfangs lebten die meisten Säugetiere in den Wäldern. Doch bald breiteten sich weite Grasebenen aus, in denen sich Prärietiere mit langen Laufbeinen und starken, zum Abbeißen von Gras geeigneten Zähnen entwickelten. Sie waren die Ahnen unserer heutigen Pferde und Antilopen. Es war das Zeitalter der Säugetiere, und in ihm leben wir heute noch.

Planetotherium

Plesiadapis

Chriacus

Paläozän (vor 65 bis 56,5 Mio. J.)
Die Wälder des Paläozäns waren die Heimat baumbewohnender Säugetiere wie den Klettertieren Plesiadapis und Chriacus und dem Gleittier Planetotherium.

Uintatherium

Hyrachyus

Hyracotherium

Eozän (vor 56,5 bis 35,5 Mio. J.)
In den Wäldern des Eozäns lebten das riesige nashornähnliche Uintatherium, das kleine Nashorn Hyrachyus und das winzige Urpferd Hyracotherium.

Die ersten Menschen

In den weiten afrikanischen Ebenen des Pliozäns entwikkelten sich affenähnliche Geschöpfe mit aufrechtem Gang, die sich zur Jagd und zum Fallenstellen zusammenrotteten. Sie entdeckten das Geheimnis des Feuers. Allmählich breiteten sie sich über die ganze Welt aus und entwickelten Zivilisationen und Kultur. Dies waren die ersten Menschen, und ein neues Zeitalter brach an.

Brontotherium

Hyaenodon

Archaeotherium

Hoplophoneus

Megatylopus

Pliohippus

Epigaulus

Amebelodon

Synthetoceras

Oligozän (vor 35,5 bis 23,5 Mio. J.)
In den weiten Landschaften des Oligozäns lebten große Pflanzenfresser wie Brontotherium und Archaeotherium und die Räuber Hyaenodon und Hoplophoneus.

Miozän (vor 23,5 bis 5,2 Mio. J.)
Die Steppen des Miozäns beheimateten das frühe Pferd Pliohippus, den gazellenartigen Synthetoceras, das Kamel Megatylopus, den Nager Epigaulus und den Elefanten Amebelodon.

Das Zeitalter der Dinosaurier

Die ersten Dinosaurier erschienen vor 225 Millionen Jahren in einer Periode, die von den Wissenschaftlern späte Trias genannt wird. In der nächsten Periode, dem Jura, erreichten sie den Höhepunkt ihrer Entwicklung und verschwanden dann vor etwa 65 Millionen Jahren gegen Ende der Kreidezeit. Wie in dieser »Zeitleiste« zu erkennen ist, veränderten sich während dieser gewaltigen Zeitspanne auch die Erdoberfläche, das Klima und die Pflanzenwelt immer wieder.

Trias (vor 245 bis 208 Mio. J.)
Eine einzige gewaltige Landmasse (auch Superkontinent genannt), hauptsächlich von Wüsten bedeckt und mit Baumfarnen und Nadelhölzern bewachsen.

Früher und mittlerer Jura (vor 208 bis 157 Mio. J.) Ein Superkontinent voller Flachmeere; die Witterung ist feuchtwarm, als Pflanzen kommen Baumfarne, Nadelhölzer und Palmfarne vor.

2
DIE »SCHRECKLICHEN ECHSEN«

Dinosaurier waren die Riesen der Erde. 160 Millionen Jahre bewohnten sie unseren Planeten und brachten während ihrer Entwicklung einige der größten und ungewöhnlichsten Landtiere hervor, die jemals gelebt haben. Die pflanzenfressenden Sauropoden waren die gewaltigsten Vertreter der Dinosaurier. In dem massigen Rumpf dieser Tiere befand sich ein enormer Magen, mit dem sie tonnenweise Blätter und Früchte verdauen und auf diese Weise ihren gewaltigen Energiebedarf decken konnten. Zur gleichen Zeit entstanden riesige fleischfressende Dinosaurier, die häufig Jagd auf diese »wandelnden Fleischberge« machten und sie auffraßen. Zur Abwehr der messerscharfen Krallen und Zähne dieser Raubsaurier schützten einige Pflanzenfresser ihren Körper mit Panzern, Stacheln oder Keulen, die aus Horn und Knochen bestanden. Durch diese Panzer wurden die Tiere noch schwerer.

Diese Urzeitriesen sind aber nicht nur wegen ihrer gewaltigen und ungewöhnlichen Körper interessant. Ihre versteinerten Überreste, die Fossilien, sagen auch einiges über die Welt von damals aus – wie sich beispielsweise das Klima veränderte oder wie die Erdteile gewandert sind. Während wir uns allmählich ein Bild über die Dinosaurier und ihre Lebensweise machen, werden uns die Wunder dieser Welt immer deutlicher bewußt. Besonders die enorme Größe mancher Dinosaurier gibt uns viele Rätsel auf: Wie konnten sie beispielsweise immer genug zu fressen finden, so daß sie nicht auskühlten oder gar verhungerten? Oder wie brachte es ein so gewaltiges Tier fertig, auf nur vier Beinen zu stehen? Heute hat man herausgefunden, daß etwa eine bestimmte Bauweise, mit der Ingenieure freischwebende Brücken konstruieren, in der Natur bereits vor etlichen Millionen Jahren existierte.

Später Jura (vor 157 bis 146 Mio. J.)
Der Superkontinent beginnt auseinanderzubrechen; im Binnenland herrscht trockene Witterung, an den Küsten feuchtwarmes Klima.

Frühe Kreide (vor 146 bis 97 Mio. J.)
Die Erdteile wandern in größeren, teilweise zusammenhängenden Landmassen; die Pflanzenwelt ist ähnlich wie in Trias und Jura.

Späte Kreide (vor 97 bis 65 Mio. J.)
Einzelne Kontinentalgruppen haben sich getrennt, auf jedem Erdteil leben unterschiedliche Tiere; erste Blütenpflanzen entstehen.

PLATEOSAURUS – will hoch hinaus

Stellt euch die großen Landtiere von heute vor – Elefanten, Giraffen, Nashörner, Büffel. Was haben sie gemeinsam? Richtig, sie alle fressen Pflanzen. Neuzeitliche Raubtiere wie Löwe, Wolf und Fuchs sind alle viel kleiner. Einer der Hauptgründe ist, daß Unmengen von Pflanzenmaterial verdaut werden müssen, um ausreichende Nährstoffe zu gewinnen. Um diese Arbeit zu bewältigen, müssen die Eingeweide – Magen und Darm – von Pflanzenfressern viel größer sein als jene von Fleischfressern.

Genauso war es bei den Dinosauriern. Die ersten Dinosaurier gegen Ende der Triaszeit waren kleine, flinke Fleischfresser, die auf den Hinterbeinen liefen. Dann entwickelten sich die pflanzenfressenden Dinosaurier. Ihre großen Eingeweide brauchten einen langen Körper, und sie konnten auf den Hinterbeinen nicht mehr das Gleichgewicht halten. Sie begannen, sich auf allen vieren fortzubewegen.

Aber die frühen Pflanzenfresser unter den Dinosauriern konnten sich noch für kurze Zeit auf die Hinterbeine stellen, und das war von großem Nutzen. Denn die anderen pflanzenfressenden Reptilien fraßen nur dicht am Boden wachsende Farne und Schachtelhalme. Die frühen pflanzenfressenden Dinosaurier reckten sich als einzige Tiere hoch und fraßen Blätter und Nadeln direkt von den Baumwipfeln. Zusätzlich entwickelten sie lange Hälse.

Leben in Herden

Plateosaurus war ein typischer Vertreter dieser frühen pflanzenfressenden Dinosaurier. Er muß eine recht häufige Dinosaurierart gewesen sein, denn in einer Gesteinsschicht der späten Trias in Deutschland wurden zahlreiche Skelette nebeneinander gefunden. Manche Forscher leiten daraus ab, daß das Tier in Herden lebte, andere haben ihre Zweifel. Vielleicht wurden tote Plateosaurier auch aus größerer Entfernung in eine Senke gespült, als die Wüstenbäche über ihre Ufer traten. Um die Oasen der damaligen Wüstenlandschaft wuchsen wohl genügend Bäume, um Tausende solcher Dinosaurier zu ernähren.

▽ Plateosaurier weiden auf einer heißen, staubigen Steppe der späten Trias zwischen Baumfarnen. Ihre Vorderbeine waren stark genug, um den Vorderkörper auf dem Boden abzustützen. Das Tier konnte die Hände frei bewegen. Mit den Daumenkrallen rupfte es Pflanzen ab oder verteidigte sich gegen Angreifer.

PLATEOSAURUS
Länge: 6 bis 8 Meter
Höhe: Auf allen vieren 1,80 Meter an den Hüften, auf den Hinterbeinen stehend von Kopf bis Fuß 3,60 Meter.
Gewicht: 680 Kilogramm
Nahrung: pflanzlich, vermutlich von Baumkronen
Verbreitung: Deutschland, mit verwandten Tierarten in Argentinien, Südafrika und China

Kleiner Kopf

Langer Hals

Große Daumenkralle

Fünf Finger

Kurze Vorderbeine

Lange Hinterbeine

Massiger Leib

vor 245   208   146   65 Mio. J.

Trias   Jura   Kreide

DILOPHOSAURUS – zwei Kämme, scharfe Zähne

Große Pflanzenfresser wie der Plateosaurus entwickelten sich am Ende der Trias. Gleichzeitig traten die ersten großen Fleischfresser auf, und schon zu Beginn des Juras gab es viele verschiedene Arten. Die Erklärung hierfür ist ziemlich einfach: Sobald eine neue Nahrungsquelle auftaucht, entwickeln sich auch Lebensformen, die sich diese zunutze machen. Große Pflanzenfresser haben viel Fleisch, also tauch-

ten große Fleischfresser auf, um sie zu jagen. Dilophosaurus war einer der ersten großen Raubsaurier.

Sein schlanker, athletischer Körperbau ähnelte dem kleiner Fleischfresser. Seine Kiefer waren mit langen scharfen Zähnen bestückt, die er zum Zerreißen von Fleischstücken benutzte. Er jagte wohl vor allem Plateosaurier und ähnliche Arten.

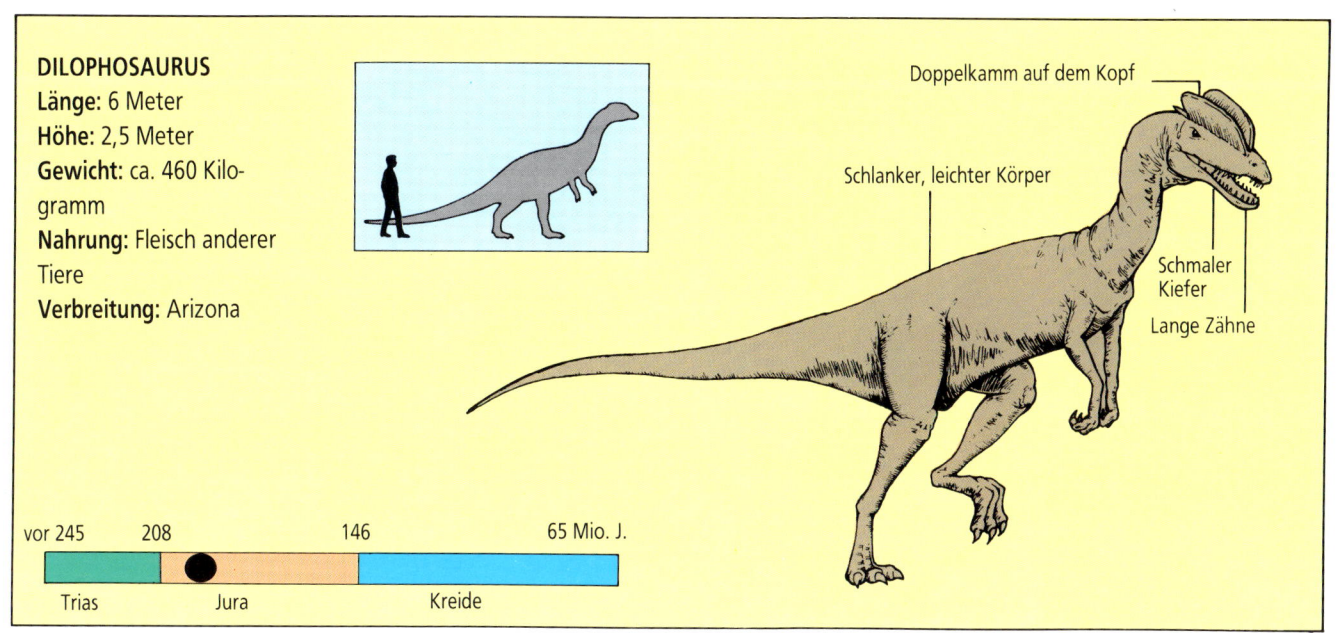

DILOPHOSAURUS
Länge: 6 Meter
Höhe: 2,5 Meter
Gewicht: ca. 460 Kilogramm
Nahrung: Fleisch anderer Tiere
Verbreitung: Arizona

Doppelkamm auf dem Kopf
Schlanker, leichter Körper
Schmaler Kiefer
Lange Zähne

vor 245   208   146   65 Mio. J.
Trias   Jura   Kreide

Das Reptil mit den zwei Kämmen

Die Vorderseite der Schnauze dieses Dinosauriers war besonders schmal und beweglich. Vielleicht schnappte Dilophosaurus damit auch nach kleineren Beutestücken oder zog Eidechsen und kleine Säugetiere aus dem Unterholz und aus Felsnischen.

Sein Schädel unterscheidet sich von dem späterer großer Fleischfresser. Nicht nur, daß der Dilophosaurus Knochengelenke hatte, mit denen er die Nase rümpfen konnte, er trug auch ein Paar Hornkämme auf dem Kopf – daher sein Name. Doch wie bei den meisten Dinosauriern war der Schädel der zerbrechlichste Teil des Skeletts. Beim ersten Dilophosaurus-Skelett, das man fand, fehlte er. Die Forscher wußten damals nicht, auf was für ein merkwürdiges Tier sie gestoßen waren.

◁ In den Nadelwäldern des frühen Jura im heutigen Arizona stürzt sich ein Dilophosaurus auf einen kleinen Syntarsus, einen anderen Raubsaurier mit Knochenkamm. Die Kämme waren vermutlich leuchtend bunt und dienten als Signale für andere Tiere.

39

STEGOSAURUS – Platten und Stacheln

Man stelle sich ein Tier von der Größe eines Elefanten vor, das kurze Vorderbeine hat. Statt eines großen Elefantenkopfs mit Rüssel hat es einen winzigen Kopf – nicht größer als der Unterarm eines Kindes – mit schmalen Kiefern und einem Schnabel. Hinzu kommen ein Schwanz, der so lang ist wie sein Körper, und zwei Reihen mit dreieckigen Platten auf dem Rücken. Diese haben an Hals und Schwanz die Größe von Untertassen, aber den Durchmesser eines Lastwagenreifens in der Mitte des Tieres über den Hüften. Ein Bund ge-

fährlich aussehender Stacheln sitzt auf der Schwanzspitze. Genau so sah der Stegosaurier aus, ein Pflanzenfresser, der im späten Jura in Nordamerika lebte. Er verwendete seinen schmalen Schnabel, um zwischen den stacheligen Blättern der Palmfarne herumzustöbern und Jungtriebe herauszuzupfen.

Die Platten auf seinem Rücken waren vielleicht mit Haut überzogen. In der heißen trockenen Landschaft, in der Stegosaurus lebte, kühlte der Wind, der um die Platten wehte, vermutlich den Körper des massigen Tieres.

▷ Staub bläst über eine Ebene in Colorado zur Zeit des späten Juras. Ein Stegosaurier dreht sich dem Wind zu, um sich zu kühlen. Gefahr drohte diesem großen Pflanzenfresser nur von wenigen Tieren. Es gab riesige Raubsaurier, gegen die er sich wohl mit seinem stachelbewehrten Schwanz zur Wehr setzte.

STEGOSAURUS

Länge: 6 bis 8 Meter
Höhe: 3,5 Meter einschließlich der Platten
Gewicht: bis zu 2 Tonnen
Nahrung: Pflanzen, vermutlich Schößlinge von Palmfarnen und Farnen

Verbreitung: New Mexico, South Dakota, Colorado, Oklahoma, Utah und Wyoming. Verwandte Tiere lebten in England, Tansania und China.

Doppelreihe mit Knochenplatten

Hornüberzogene Schwanzstacheln

Winziger Kopf

Schnabel

Backentaschen

Kürzere Vorderbeine

Kräftige Hinterbeine mit langem Oberschenkel

vor 245   208   146   65 Mio. J.

Trias   Jura   Kreide

Verteidigung oder Imponiergehabe?

Andererseits waren die Platten möglicherweise auch hornverkleidet und dienten zur Verteidigung gegen Raubsaurier. Letztlich wissen wir immer noch nicht genau, wozu der Stegosaurier die Platten hatte. Mit Sicherheit handelte es sich bei den Schwanzstacheln um Waffen: Der Schwanz konnte mit schrecklicher Wucht gegen einen Angreifer geschleudert werden.

Unklar ist auch, wie die Platten von Stegosaurus angeordnet waren – paarweise, gegeneinander versetzt in zwei Reihen oder in einer einzigen, überlappenden Reihe. Vielleicht waren sie sogar leuchtend bunt und dienten zur Verständigung.

Es gab mindestens zwei Arten von Stegosauriern: eine mit kleinen Platten und vier Paaren von Schwanzstacheln, die andere mit größeren Platten und zwei Paaren von Schwanzstacheln.

APATOSAURUS – Blätter- und Steinefresser

Durch die trockenen Ebenen der nordamerikanischen Landschaft zieht eine Herde riesiger Tiere, ihre Umrisse verschwimmen in den aufgewirbelten Staubwolken. Lange Hälse mit winzigen Köpfen schaukeln hin und her, während die schweren Leiber sich langsam fortbewegen. Wir befinden uns im späten Jura, dem Zeitalter der Apatosaurier, die zu den größten Landtieren zählen, die jemals gelebt haben.

Eine Gruppe von Nadelbäumen wächst am Flußufer und überschattet ein Dickicht aus Far-nen und Palmfarnen. Die Apatosaurierherde zieht aus der knochentrockenen Ebene zu den Bäumen, der Staub legt sich, und die mächtigen Tiere beginnen zu weiden.

Der gewaltige Körper eines Apatosaurus brauchte ständig Nahrung. Das Tier muß beinahe seine ganze Zeit mit Fressen verbracht haben. Das Skelett des langen Halses war extrem leicht und bestand aus schmalen Knochenstreifen und -platten. Diese stützten den Hals. Der winzige Kopf konnte frei schwingen

und erlaubte es dem Apatosaurus, niedrig wachsende Pflanzen ebenso zu fressen wie die Blätter von den Baumkronen. Die Hüften dieses Dinosauriers waren sehr schwer, und dank der starken Hüftmuskeln konnte er sich für kurze Zeit auf die Hinterbeine stellen.

Die Zähne des Apatosaurus sahen aus wie schmale Stifte und zogen sich wie an einem Kamm um die Kiefer herum. Damit harkten sie die Farnwedel und die Zweige der hohen Bäume ab. Zum Kauen blieb keine Zeit. Das Futter wurde gleich nach dem Abbeißen hinuntergeschluckt und wanderte durch den langen Hals bis in den Verdauungsapparat. Dort wurde es möglicherweise durch Steine zermahlen, die der Apatosaurus zu diesem Zweck hin und wieder verschluckte. Forscher halten das für durchaus möglich, da sie in der Magengegend von Apatosaurier-Skeletten kleine Haufen runder Kiesel fanden. Viele Vögel verwenden Steine auf diese Art, da sie mit ihren zahnlosen Schnäbeln nicht kauen können.

▽ Ein großer Apatosaurus-Bulle führt seine Herde durch die waldige Landschaft des späten Juras. Wie beim heutigen Elefanten trugen massige Beine das schwere Körpergewicht. Die Füße waren mit dicken Knorpeln hinter den Zehen gepolstert, um das Gewicht abzufedern. Der lange und schmale Schwanz wurde wie eine Peitsche gegen angreifende Fleischfresser eingesetzt.

APATOSAURUS
Länge: 21 Meter
Höhe: 4,5 Meter an den Hüften
Gewicht: 35 Tonnen
Nahrung: Pflanzen, vorwiegend wohl Blätter und Nadeln von Baumkronen

Verbreitung: Colorado, Oklahoma, Utah und Wyoming

Winziger Kopf

Sehr langer Hals

Peitschenartiger Schwanz

Große Krallen am ersten Finger

Elefantenähnliche Füße
Große Kralle an den ersten drei Zehen

vor 245   208   146   65 Mio. J.

Trias   Jura   Kreide

BRACHIOSAURUS – langer Hals, kleiner Kopf

Im Jahr 1900 wurden Skeletteile dieser massigen Dinosaurier in Colorado gefunden, in derselben Gesteinsformation, welche die Überreste von Stegosaurus, Apatosaurus, Allosaurus und vielen anderen riesigen Dinosauriern des Juras enthielt.

Sieben Jahre später entdeckte man ein vollständiges Skelett der gleichen Dinosaurierart in Tansania – viele tausend Kilometer entfernt. Es fand sich neben den Skeletten von Verwandten der Stegosaurier und Allosaurier. Offenbar lebten also die gleichen Tierarten in ähnlicher Umgebung in weit voneinander entfernten Gegenden der Erde. Im späten Jura waren alle Kontinente noch in einer großen Landmasse vereint, und so konnten sich die unterschiedlichen Arten überall ausbreiten.

Brachiosaurus war ein wahrhaft riesiges Tier, das wie Apatosaurus hohe Bäume abfressen konnte. Aber im Gegensatz zu Apatosaurus fehlten ihm die Muskeln, um sich auf die Hinterbeine stellen zu können. Statt dessen hatte es lange Vorderbeine und daher auch eine große Schulterhöhe. Von dieser Höhe aus konnte der lange Hals die Äste erreichen, um dort Zweige und Blätter abzuweiden, welche für andere Pflanzenfresser unerreichbar waren. Der obere Teil des Tieres war leicht, da der Schädel und das Rückgrat aus dünnen Knochenstreifen und -platten bestanden. Die Beinknochen und Rippen waren allerdings dick und massiv. Dieser Körperbau bildete ein stabiles Gerüst.

△ Eine entfernte heutige Verwandte des Brachiosaurus ist die Giraffe. Auch sie kann wegen der hohen Schultern und eines verlängerten Halses bis in die höchsten Zweige hinaufreichen.

▷ Der winzige Kopf des Brachiosaurus hatte gewaltige Nasenöffnungen, die wahrscheinlich mit einer Schleimhaut ausgekleidet waren, um den großen Körper mit der eingesogenen Luft in der heißen, trockenen Umwelt zu kühlen.

BRACHIOSAURUS
Länge: 22 Meter
Höhe: 6 Meter an den Schultern, 12 Meter vom erhobenen Kopf bis zu den Füßen
Gewicht: 80 Tonnen
Nahrung: Blätter hoher Bäume
Verbreitung: Colorado, Tansania

Nasenöffnungen auf der Kopfoberseite

Schultern höher als Hüften

Langer, erhobener Hals

Sehr schwerer Körper

Massige Beine

vor 245	208		146	65 Mio. J.
Trias	Jura		Kreide	

ALLOSAURUS – ein Leben im Rudel

Ein klaffendes, mit sägeartig gezackten Zähnen bewehrtes Maul in einem ein Meter langen Kopf schnappt nach dem Schenkel eines jungen Camptosaurus und beißt tief hinein, reißt Haut und Fleisch herunter und kratzt am Knochen entlang. Das unglückliche Tier gibt nicht mehr als ein panisches Fauchen von sich, denn sein winziges Gehirn kann keinen Schmerz spüren. Es bricht auf seinem Bauch im Staub zusammen. Der Angreifer, ein ausgewachsener Allosaurus, läßt das Bein los und verbeißt sich in der Kehle seines Opfers.

Dann schlägt der Allosaurus die Riesenkralle seines ersten Fingers in die Haut seines Opfers. Mit seinem großen Maul beißt er noch einmal tief hinein, um es endgültig zu töten.

Die fliehende Camptosaurier-Herde verlangsamt das Tempo; die erste Panik ist vorüber. Sie vergessen ihren Gefährten – er ist verloren. Sie vergessen auch den Allosaurus, da er keine Gefahr mehr darstellt, nachdem seine kurze Jagd erfolgreich war. Die anderen Allosaurier aus dem Rudel versammeln sich, um mitzufressen. Kleinere Dinosaurier wie Ornitholestes nähern sich später und lauern darauf, auch ein Stück Fleisch zu ergattern.

So könnte sich das Leben im späten Jura abgespielt haben. Wir wissen jedoch, daß die großen Pflanzenfresser zu dieser Zeit in Nordamerika tatsächlich von Allosaurus gejagt wurden. In den Gesteinen aus dieser Epoche finden sich Skelette, die mit jäher Gewalt ausein-

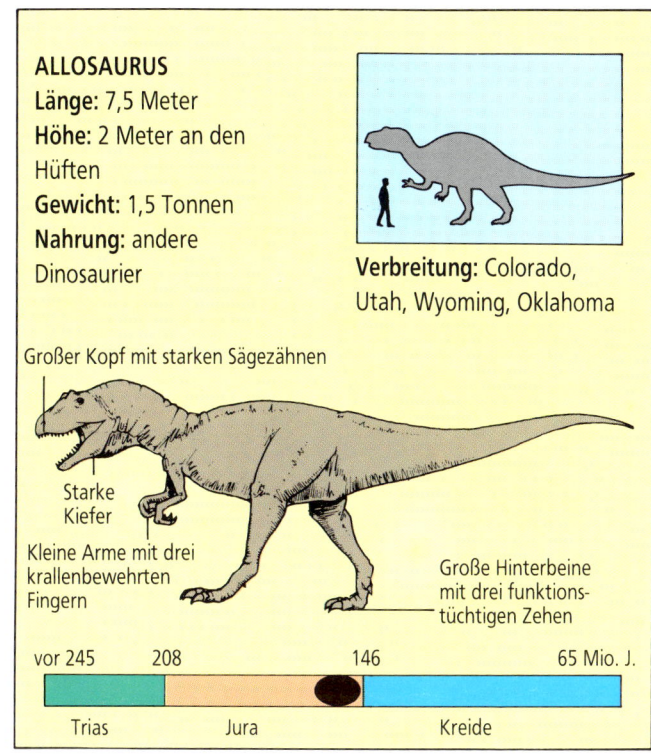

ALLOSAURUS

Länge: 7,5 Meter
Höhe: 2 Meter an den Hüften
Gewicht: 1,5 Tonnen
Nahrung: andere Dinosaurier

Verbreitung: Colorado, Utah, Wyoming, Oklahoma

Großer Kopf mit starken Sägezähnen

Starke Kiefer

Kleine Arme mit drei krallenbewehrten Fingern

Große Hinterbeine mit drei funktionstüchtigen Zehen

vor 245	208	146	65 Mio. J.
Trias	Jura		Kreide

andergerissen wurden, mit tiefen Rillen in den Knochen. Das sind Spuren von Allosaurier-Zähnen, von denen sogar abgebrochene Splitter an den Fundstellen herumliegen.

Allosaurus war der größte und stärkste Raubsaurier jener Zeit. Er bewegte sich schnell auf seinen kraftvollen Hinterbeinen, wobei er den Kopf nach vorn hielt und den langen, steifen Schwanz nach hinten wegstreckte, um im Gleichgewicht zu bleiben. Die Vorderbeine waren klein, aber jedes hatte drei kräftige Krallen.

◁ Mit seinen gewaltigen Zähnen reißt ein Allosaurus einen Camptosaurus, einen amerikanischen Verwandten des Iguanodons. Die Zähne arbeiteten wie die Säge an einem Steakmesser. Das Fleisch wurde zwischen Ober- und Unterkiefer zerrissen, welche durch die Schädelmuskeln hin- und herbewegt wurden. Schädel und Kiefer konnten nach außen geklappt werden, so daß Allosaurus große Brocken verschlingen konnte.

47

IGUANODON – der »Däumling«

Das Iguanodon war typisch für jene großen pflanzenfressenden Dinosaurier, die die langhalsigen Pflanzenfresser in der frühen Kreide ablösten. Statt große Mengen an Pflanzen zu pflücken und zu verschlingen, die dann im Magen mit Steinen zermahlen wurden, konnten diese Tiere Blätter und Zweige vor dem Schlukken zerkauen. Ein Hornschnabel am vorderen Kieferende ermöglichte es ihnen, Nahrung zu sammeln, mit den starken Mahlzähnen zu zerkleinern und zu zerquetschen, während sie in den großen Backentaschen herumgewälzt wurde.

Herden von Iguanodons durchstreiften die sumpfigen Ufergebiete eines riesigen Sees, der einen großen Teil des heutigen Nordeuropas bedeckte. Die Fußabdrücke der Tiere sind heute im Gestein zu sehen. Ab und zu suhlten sie sich im Morast des Schachtelhalmdickichts, von dem sie sich ernährten. Forscher haben ihre Hautabdrücke in denselben Gesteinsschichten gefunden.

Vom Zweibeiner zum Vierbeiner

Zur gleichen Zeit gab es auch große Fleischfresser, die wohl Jungtiere oder schwache Iguanodons jagten. Die Skelette junger Iguanodons wiesen im Vergleich zu denen der ausgewachsenen Tiere kurze Vorderbeine auf. Wahrscheinlich liefen die Jungen vorwiegend auf den Hinterbeinen und konnten sich ihren Feinden durch die Flucht entziehen. Die Erwachsenen waren langsamer, da sie sich vorwiegend auf allen vieren fortbewegten.

▷ Iguanodons weiden im Dickicht. Mal laufen sie auf allen vieren, mal stellen sie sich auf die Hinterbeine, um Blätter und Zweige herabzuziehen. Die Vordergliedmaßen mit drei starken Mittelfingern, Daumenstachel und einem beweglichen fünften Finger eigneten sich sowohl als Fortbewegungsmittel als auch zum Futtersammeln.

IGUANODON

Länge: 10 Meter
Höhe: 4,5 Meter in aufrechter Haltung
Gewicht: bis zu 6 Tonnen
Nahrung: Pflanzen, besonders Schachtelhalme, Farne und Palmfarne

Verbreitung: England, Belgien und Deutschland. Verwandte Arten in den USA und der Mongolei.

Schnabel
Backentaschen
Daumenstachel
Drei hufähnliche Zehen
Starke Vorderbeine

vor 245	208	146	65 Mio. J.
Trias	Jura	Kreide	

▷Unser heutiges Okapi weidet wie früher das Iguanodon in warmen, feuchten Wäldern. Vielleicht besaß das Iguanodon auch eine 25 Zentimeter lange Zunge, um damit Blätter und Zweige herabziehen zu können?

BARYONYX – der große Fischfresser

Obwohl sich die meisten Dinosaurier äußerlich in nur wenige grundlegende Typen einordnen lassen, werden hin und wieder auch ganz ausgefallene Arten entdeckt. Hierzu zählt Baryonyx. Er gehörte zu den großen Raubsauriern. Seinen gedrungenen Rumpf auf den starken Hinterbeinen hielt er durch einen langen Schwanz im Gleichgewicht. Doch der Hals war ganz gerade, nicht S-förmig gebogen wie bei anderen Raubsauriern. Die langen und schmalen Kiefer waren voller winziger spitzer Zähne, was dem Kopf ein krokodilähnliches Aussehen verlieh. Die Vorderbeine waren sehr groß, und der Daumen trug eine riesige, über 30 Zentimeter lange Kralle.

Wie der Baryonyx Fische fing

Überbleibsel der letzten Mahlzeit wurden im Magenbereich des einzigen Baryonyx-Skeletts gefunden, das je entdeckt wurde. Es handelte sich hauptsächlich um Fischschuppen und Gräten. Also war Baryonyx einwandfrei ein Fischfresser – der einzige fischfressende Dinosaurier, den wir kennen.

Jetzt können wir uns vorstellen, wie der Dinosaurier an einem Bachufer der frühen Kreide geduldig auf seine Beute lauerte. Mit einem plötzlichen Satz sprang er ins Wasser, daß es nur so spritzte, spießte mit seiner Kralle einen Fisch auf und schleppte das zappelnde Tier in seinem Maul vom Ufer weg. Bary-

▷ Heutzutage versammeln sich Grizzlybären zur Zeit der Lachswanderungen an den Flußufern. Sie fangen die Fische mit den Zähnen oder den Tatzen. Baryonyx jagte wohl auf ähnliche Weise.

◁ Baryonyx fischt in einem seichten See in Südengland zur Zeit der frühen Kreide. Mit seiner krokodilähnlichen Schnauze, die an beiden Seiten mit 32 Zähnen besetzt ist, schnappt er nach Beute.

onyx benutzte dabei die vielen kleinen Zähne in seinen langen Kiefern, um die glitschige Beute festzuhalten.

Wissenschaftler fanden auch Teile von Iguanodon-Knochen in der Bauchhöhle des Baryonyx. Eigentlich ist es kaum vorstellbar, daß dieser Dinosaurier ein großes Tier wie das Iguanodon angriff. Der Baryonyx konnte wohl seine großen Krallen zum Reißen verwenden, aber seine Zähne weisen weder die richtige Größe noch die Form für diese Art von Beute auf.

Vielleicht fraß Baryonyx sowohl Aas als auch Fisch und wühlte mit seinen langen Kiefern in Saurierkadavern, um – wie die heutigen Geier – an die Innereien zu gelangen.

BARYONYX
Länge: 9 Meter
Höhe: 3,6 Meter
Gewicht: 2 Tonnen
Nahrung: Fisch und vermutlich Aas

Verbreitung: Südengland, doch sehr ähnliche Kiefer- und Klauenknochen fanden sich auch im westafrikanischen Nigeria.

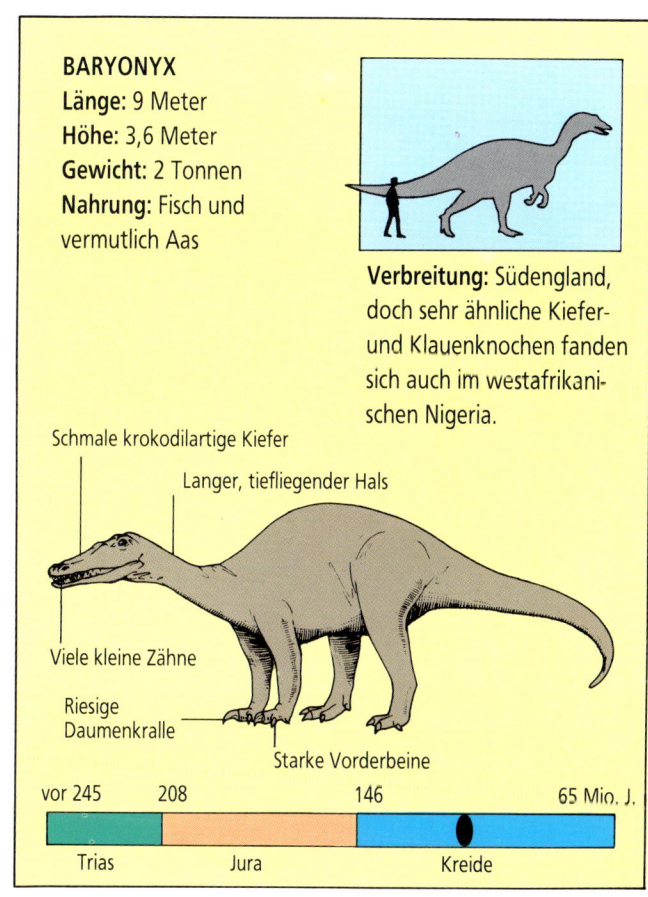

Schmale krokodilartige Kiefer

Langer, tiefliegender Hals

Viele kleine Zähne

Riesige Daumenkralle

Starke Vorderbeine

vor 245	208	146	65 Mio. J.
Trias	Jura		Kreide

SPINOSAURUS – ein Segel auf dem Rücken

Jetzt kommt ein Rätsel: Ein gewaltiger fleischfressender Dinosaurier, einer der größten, der je gelebt hat, mit einem riesigen »Segel« auf dem Rücken und einem schmalen, krokodilartigen Kopf – was fangen wir damit an?

Das Segel wurde von einer Reihe langer Stacheln gestützt, die direkt aus einem Rückenwirbel wuchsen. Einige dieser Stacheln waren mannsgroß. Ein derartiges Rückensegel ist nichts Ungewöhnliches. Bei Tieren der Neuzeit finden wir es als Rückenkamm bei den Basilisken, die es benutzen, um Artgenossen zu imponieren. Beim Spinosaurus diente das Segel wohl demselben Zweck. Falls das zutrifft, waren die Segel wohl leuchtend bunt, um schon von weit her sichtbar zu sein.

Unbestätigte Vermutungen

In der Permzeit, schon vor der Entwicklung der Dinosaurier, gab es Amphibien und säuge-tierähnliche Reptilien mit Rückensegeln. Sie lebten in heißen, trockenen Gegenden. Die Segel dienten wahrscheinlich zur Regulierung der Körpertemperatur. Wenn es den Tieren zu heiß wurde, hielten sie die Segel in den Wind, um das Blut zu kühlen. Wenn es kalt war, hielten sie die Segel quer in die Sonne, um sich zu erwärmen. Das kann auch der Zweck des Spinosaurus-Segels gewesen sein. Der krokodilartige Kopf und die kleinen Zähne ähnelten denen des Baryonyx. Das läßt

SPINOSAURUS
Länge: 12 Meter
Höhe: etwa 2,7 Meter an den Hüften, darüber »türmte« sich das Segel mit weiteren 1,5 Metern
Gewicht: 4 Tonnen
Nahrung: andere Dinosaurier und kleinere Tiere

Verbreitung: Ägypten und Marokko

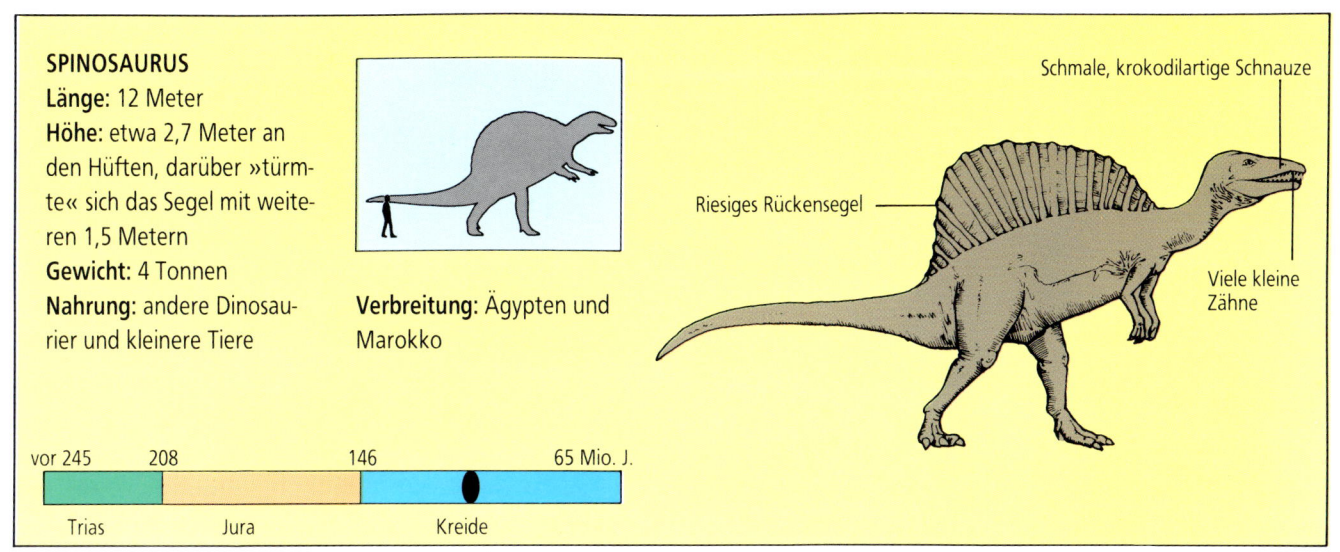

den Schluß zu, daß Spinosaurus auch ein Fischfresser war. Doch ein Kühlsegel wäre nur in einer heißen und trockenen Gegend von Nutzen gewesen, in der Fisch sicher selten war.

Es ist äußerst schwierig für die Forscher, derartige Fragen zu klären, da die am besten erhaltenen Spinosaurier-Überreste verlorengingen, als das deutsche Museum, in dem sie aufbewahrt wurden, im Zweiten Weltkrieg durch Bomben zerstört wurde.

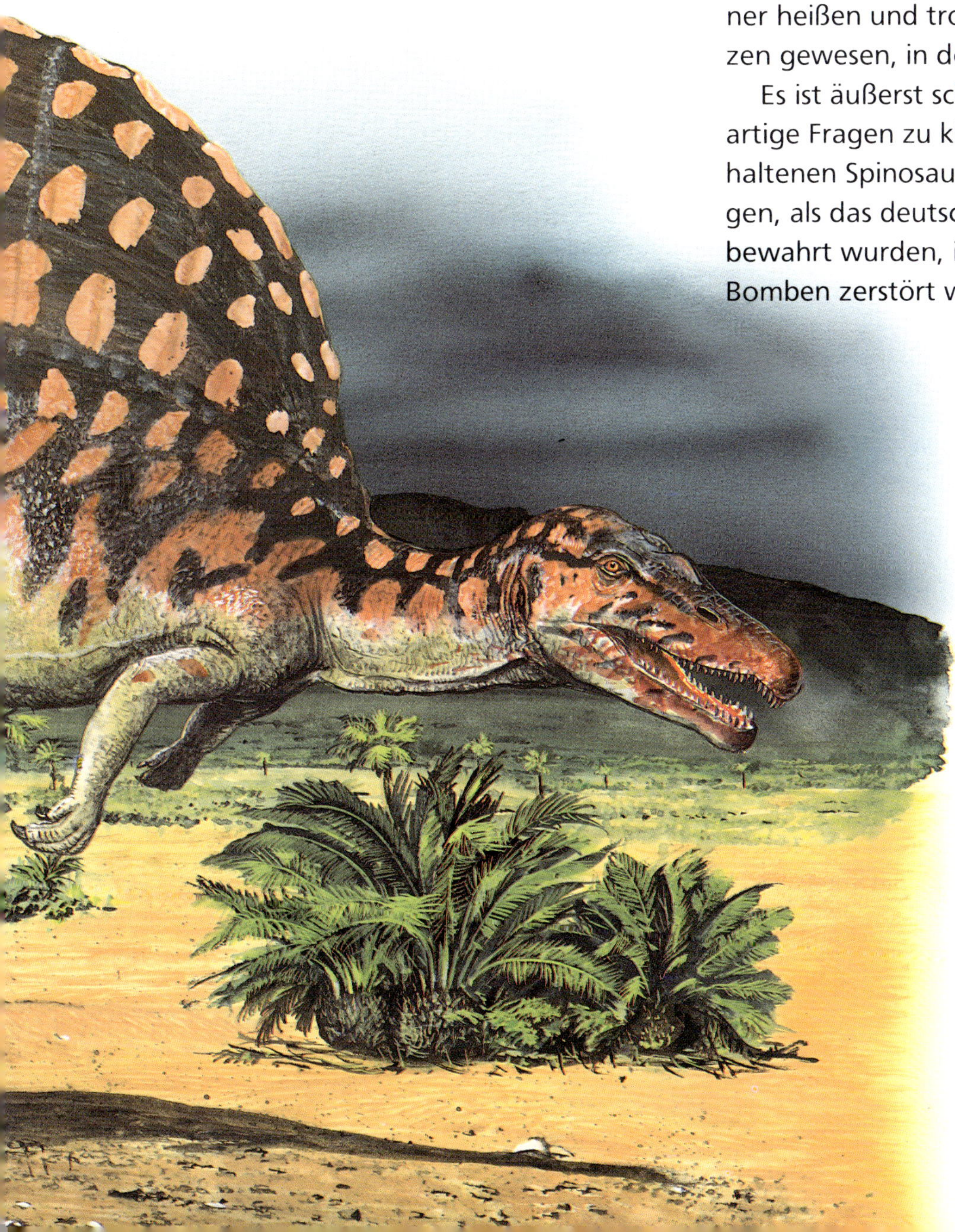

◁ Spärlich bewachsene Steppengebiete in Nordafrika waren vor über 100 Millionen Jahren das bevorzugte Jagdrevier des Spinosaurus. Er muß seinerzeit ein furchterregender Räuber gewesen sein. Zwar wurden die besten Fossilien dieses Dinosauriers zerstört, doch vor einigen Jahren entdeckte man einige weitere Bruchstücke in der Sahara.

SALTASAURUS — langer Hals und Panzerplatten

▽ Ein Saltasaurier schiebt sich durch die Vegetation der späten Kreide. Der breite, gepanzerte Rücken ist ein Schutzschild gegen jeden Angreifer. Wie Apatosaurus kann er sich auf die Hinterbeine stellen, wahrscheinlich hat er sogar die gleiche Kopfform.

Gegen Ende der Kreidezeit waren die meisten der langhalsigen blätterfressenden Dinosaurier ausgestorben. Ihren Platz hatten Tiere wie die Iguanodons eingenommen, die Farne und Teile von Bäumen mit ihren Schnäbeln und mahlenden Zähnen fraßen. Doch in einigen Gegenden lebten die Blätterfresser weiter, wie etwa in Südamerika. Am Ende der Kreidezeit war dieser Kontinent eine Insel und von Tieren bewohnt, die es sonst nirgendwo gab – so wie heute Australien mit seinen Känguruhs, Ameisenigeln und Koalas.

Saltasaurus war einer von ihnen. Verblüffend an ihm ist seine Panzerung. Es gab viele Arten gepanzerter Dinosaurier, aber niemand hätte gedacht, daß die langhalsigen Pflanzenfresser Panzerplatten tragen konnten. Bis zur Entdeckung des Saltasaurus Ende der siebziger Jahre unseres Jahrhunderts nahm man an, daß sie sich nur durch ihre Größe und mit den peitschenartigen Schwänzen verteidigen konnten.

54

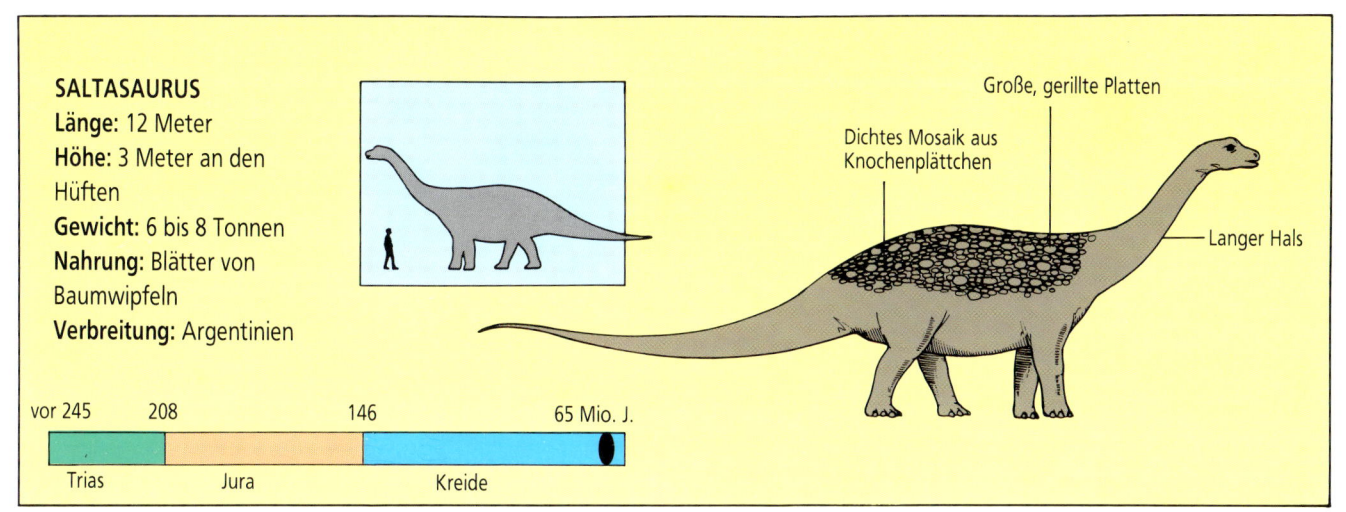

SALTASAURUS
Länge: 12 Meter
Höhe: 3 Meter an den Hüften
Gewicht: 6 bis 8 Tonnen
Nahrung: Blätter von Baumwipfeln
Verbreitung: Argentinien

Dichtes Mosaik aus Knochenplättchen

Große, gerillte Platten

Langer Hals

vor 245	208	146	65 Mio. J.
Trias	Jura	Kreide	

Daher war der Panzer des Saltasaurus eine echte Sensation. Er bestand aus einem Mosaik von Knochenplättchen, jedes halb so groß wie ein Daumennagel, und einer Reihe von untertassengroßen Platten, auf denen vielleicht spitze Stacheln saßen.

Die späte Kreide war die Zeit der großen fleischfressenden Dinosaurier, und in Südamerika lebten etliche von ihnen. Körperpanzerungen wie die des Saltasaurus stellten wohl einen wirksamen Schutz gegen sie dar.

EUOPLOCEPHALUS – der Urzeitpanzer

Die am schwersten gepanzerten Dinosaurier waren die Ankylosaurier. Sie breiteten sich in der Kreidezeit sehr weit aus, und gegen Ende dieses Zeitalters gab es viele verschiedene Formen. Euoplocephalus war ein typischer Vertreter der ganzen Gruppe.

Die Panzerung begann am Kopf. Der Schädel bestand aus einem starren Knochengehäuse mit gepanzerten Augenlidern, die wie knöcherne Fensterläden funktionierten. Euoplocephalus bedeutet »gut gepanzerter Kopf«. Über dem Nacken lagen breite Knochenplatten, dahinter schützten Stacheln die Schultern. Bei den lebenden Tieren waren diese Platten und Stacheln vermutlich mit Horn überzogen. Den breiten Rücken schützte ein Mo-

saik aus Knochenbuckeln und kreisrunden Platten.

Der Schwanz war steif und gerade, und die durch Sehnen verbundenen Knochen bildeten eine starre Stange. Am Schwanzende befand sich eine schwere Knochenkeule, die Waffe des Euoplocephalus. Beim Angriff eines Raubsauriers konnte er seine Keule mit verheerender Gewalt gegen dessen Beine schleudern. Der Schwanz war zwar größtenteils steif, die Gelenke an der Schwanzwurzel zeichneten sich aber durch große Beweglichkeit aus.

Euoplocephalus hatte wie alle Ankylosaurier schwache Zähne, die sich nicht zum Kauen eigneten. Im Gegensatz zu den langhalsigen Pflanzenfressern verschluckte er anschei-

△ Durch einen hungrigen Albertosaurus aufgeschreckt, geht der Euoplocephalus in Verteidigungsstellung. Trotz seines schweren Panzers war dieser Saurier sehr wendig und konnte auf Angriffe schnell reagieren.

nend keine Steine, um das Futter im Magen zu zermahlen. Vielleicht besaß er sehr komplizierte Organe zur Nahrungszersetzung. Mit Sicherheit bot der breite, tonnenförmige Körper, den große Rippenbögen und riesige Hüftknochen stützten, einem großen Verdauungsapparat ausreichend Platz.

Vermutlich zupfte Euoplocephalus mit seinem breiten Schnabel niedrig wachsende Pflanzen, die er mit den Backenzähnen zermalmte und dann hinunterschluckte. Langwierige chemische Prozesse besorgten den Rest.

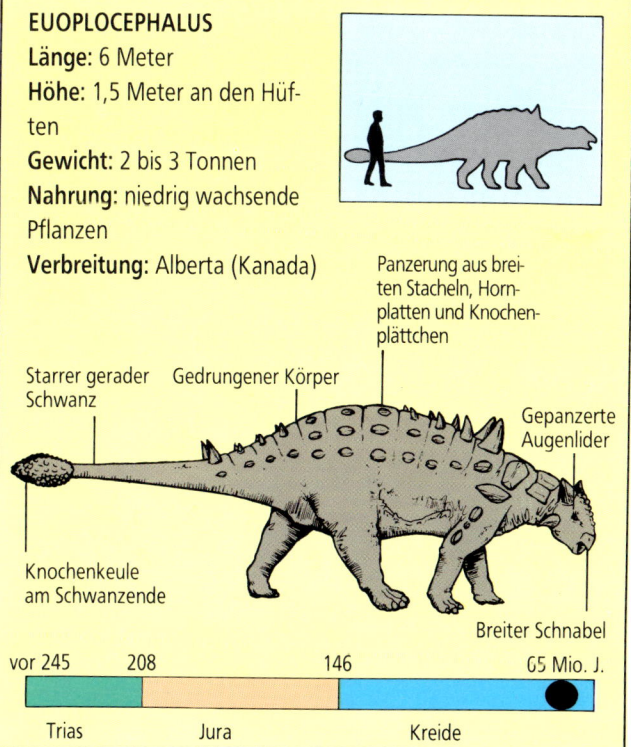

EUOPLOCEPHALUS
Länge: 6 Meter
Höhe: 1,5 Meter an den Hüften
Gewicht: 2 bis 3 Tonnen
Nahrung: niedrig wachsende Pflanzen
Verbreitung: Alberta (Kanada)

Starrer gerader Schwanz

Gedrungener Körper

Panzerung aus breiten Stacheln, Hornplatten und Knochenplättchen

Gepanzerte Augenlider

Knochenkeule am Schwanzende

Breiter Schnabel

vor 245   208   146   65 Mio. J.

Trias   Jura   Kreide

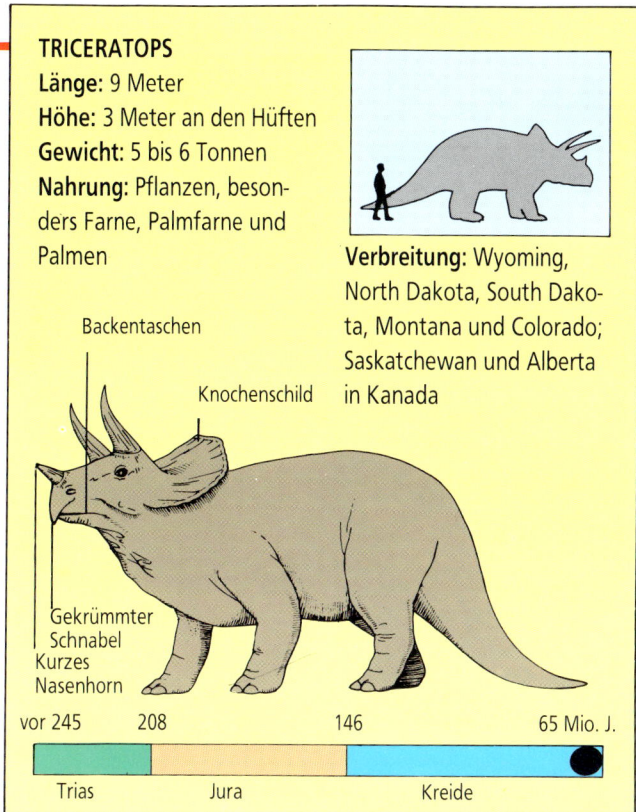

◁ Wie ein Nashorn, so tritt auch Triceratops einem Feind mit großen Hörnern und Nakkenschild gegenüber. Natürliche Feinde hielt er sich dank seiner Größe und den Hörnern vom Leib. Die Nashörner der Neuzeit sind alle kleiner als Triceratops und fressen überwiegend Gras – eine Pflanze, die es zur Zeit des Triceratops noch nicht gab.

Drei große Hörner ragen aus einem gepanzerten Gesicht, eine Krause aus Knochen schützt Nacken und Schultern, der Körper ist so groß wie der eines Elefanten – das stünde einem Angreifer gegenüber, der es unklugerweise mit einem ausgewachsenen Triceratops aufnehmen wollte.

Die Ceratopsier, die Horndinosaurier, entwickelten sich in der späten Kreide. Die meisten waren sehr große Tiere, und alle hatten Hörner auf dem Kopf und einen Nackenschild. Manche trugen nur ein Horn auf der Nase, andere wiederum hatten zwei Stirnhörner. Der Nackenschild war bei einigen Arten kurz, bei anderen riesig und segelförmig. Oft war der Schild mit Hörnern und Stacheln besetzt. Die Ceratopsier entwickelten sich als letzte Dinosauriergruppe.

Triceratops war der größte Horndinosaurier. Es muß sehr viele davon gegeben haben, denn ihre Überreste finden sich überall im gesamten Verbreitungsgebiet. Dieser Saurier lebte vermutlich in Herden, mit denen er beim Wechsel der Jahreszeiten auf Futtersuche weiterzog. Gelegentlich stoßen Forscher auf ganze Ansammlungen von Ceratopsier-Skeletten. Daraus läßt sich schließen, daß eine Herde beim Überqueren eines Flusses von der Strömung weggerissen wurde.

Der Schädel – nichts als Horn und Knochen

Der Kopf des Triceratops bestand aus einer festen Masse gepanzerter Knochen, weshalb der Schädel als Fossil oft gut erhalten ist. Das war bei Dinosauriern ungewöhnlich; ihre Schädel waren meist leicht gebaut und sehr zerbrechlich. So eindrucksvoll der Schädel auch ist, er zeigt doch nur einen Teil des Tieres. Was wie Hörner aussieht, war nur das knöcherne Horninnere. Bei lebenden Tieren war es wohl mit echtem Horn überzogen und daher viel länger, als das Skelett vermuten läßt. Auch der große Schnabel des Tieres war vermutlich mit Horn beschichtet.

TYRANNOSAURUS – ein fürchterlicher Jäger

Tyrannosaurus, die »Tyrannenechse«, der größte und schwerste unter den Raubsauriern, stapft durch neuzeitlich anmutende Eichen- und Magnolienwälder. Weidenruten streifen wie Peitschen seinen Körper, und die Füße mit den drei Zehen sinken im Laub ein, das den Waldboden bedeckt. In der feuchten, wassernahen Erde wachsen Bäume mit dichtem Blattwerk, in dessen Schatten Tyrannosaurus verborgen bleibt. Unten am Seeufer weiden mehrere Herden, darunter auch eine Gruppe von Edmontosauriern. Sie ähneln den Iguanodons, unterscheiden sich von ihnen aber durch ihren abgeflachten entenartigen Schnabel. Sie sind auf Futtersuche, und der Tyrannosaurier wartet ruhig, bis sie näher kommen.

Plötzlich stürmt er los. Mit seinen schweren Beinen prescht er aus seinem Versteck, bleckt die zehn Zentimeter langen Zähne und hält die kleinen Arme an die Brust gepreßt. Mit dem steifen geraden Schwanz hält er das Gleichgewicht und bricht krachend durch das Unterholz.

Die kleinen Augen fixieren den nächsten Edmontosaurus. Das Gehirn schätzt genau die Entfernung ab, und bevor der Edmontosaurus sich rühren kann, schnappen die gewaltigen Kiefer zu. Der Tyrannosaurus reißt dem wehrlosen Pflanzenfresser einen mehrere Zentimeter dicken und ein Meter langen Fleischstreifen vom Schenkel. Der Edmontosaurus bricht zusammen, verendet infolge von Schock und Blutverlust. Mit seinem mächtigen Gebiß beißt der Tyrannosaurus erneut zu. Der Rest der Edmontosaurierherde stiebt in Panik auseinander, und der Tyrannosaurus kann in aller Ruhe sein Opfer verschlingen.

▷ Blitzschnell stürzt sich der Tyrannosaurus auf sein Opfer, sein ganzer Körper ist für den schnellen Angriff geschaffen. Die muskelbepackte Schnauze ist mit langen Zähnen bestückt, die wie ein Sägeblatt wirken. Vermutlich war Tyrannosaurus der schrecklichste Jäger aller Zeiten.

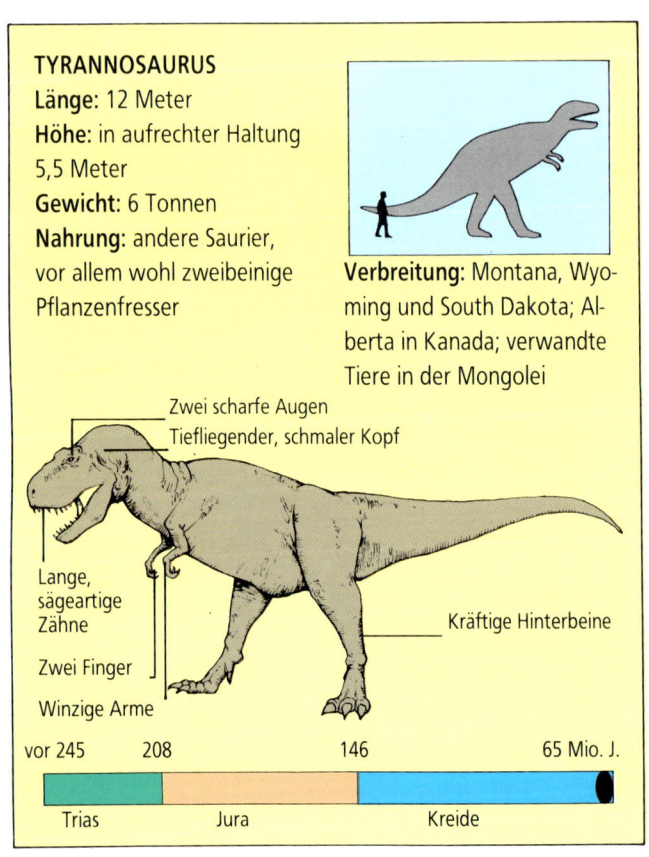

TYRANNOSAURUS
Länge: 12 Meter
Höhe: in aufrechter Haltung 5,5 Meter
Gewicht: 6 Tonnen
Nahrung: andere Saurier, vor allem wohl zweibeinige Pflanzenfresser

Verbreitung: Montana, Wyoming und South Dakota; Alberta in Kanada; verwandte Tiere in der Mongolei

Zwei scharfe Augen
Tiefliegender, schmaler Kopf

Lange, sägeartige Zähne

Zwei Finger

Winzige Arme

Kräftige Hinterbeine

vor 245	208		146	65 Mio. J.
Trias	Jura		Kreide	

Das Zeitalter der Dinosaurier

Die ersten Dinosaurier erschienen vor 225 Millionen Jahren in einer Periode, die von den Wissenschaftlern späte Trias genannt wird. In der nächsten Periode, dem Jura, erreichten sie den Höhepunkt ihrer Entwicklung und verschwanden dann vor etwa 65 Millionen Jahren gegen Ende der Kreidezeit. Wie in dieser »Zeitleiste« zu erkennen ist, veränderten sich während dieser gewaltigen Zeitspanne auch die Erdoberfläche, das Klima und die Pflanzenwelt immer wieder.

Trias (vor 245 bis 208 Mio. J.)
Eine einzige gewaltige Landmasse (auch Superkontinent genannt), hauptsächlich von Wüsten bedeckt und mit Baumfarnen und Nadelhölzern bewachsen.

Früher und mittlerer Jura (vor 208 bis 157 Mio. J.) Ein Superkontinent voller Flachmeere; die Witterung ist feuchtwarm, als Pflanzen kommen Baumfarne, Nadelhölzer und Palmfarne vor.

3
ALLE GRÖSSEN UND FORMEN

Woran denken wir, wenn wir das Wort »Dinosaurier« hören? An gewaltige, fünf Tonnen schwere Raubsaurier, die durch den dunklen Wald schleichen und mit ihren riesigen Krallen nur auf die erstbeste Gelegenheit warten, ein Opfer zu überfallen und zu töten? An riesige Fleischberge, die gemächlich über das Land ziehen und mit ihrem winzigen Kopf, der auf einem langen Hals sitzt, ab und zu nach den Wedeln eines Palmfarns schnappen? Oder denken wir gar an langbeinige Riesensaurier, die sich auf ihre Hinterbeine aufrichten, um an die obersten Zweige eines Nadelbaums zu gelangen? Oder an gepanzerte Reptilien, deren Rüstung mit Stacheln und Hörnern gespickt ist? Welch ein beeindruckendes Szenario – all diese Tiere lebten tatsächlich im Zeitalter der Dinosaurier!

Einige Dinosaurier zählen zu den größten Landtieren, die es je auf der Erde gegeben hat. Selbstverständlich gab es auch viel kleinere Dinosaurier, zum Beispiel hühnergroße Saurier, die im Unterholz oder zwischen den Füßen der Riesen hin und her huschten. Andere Dinosaurier waren so groß wie heutige Schafe oder Schweine. All diese Tiere hatten eine bestimmte Lebensweise angenommen, die wiederum an bestimmte Landschaftsformen der damaligen Zeit gut angepaßt war. Die kleineren Saurier besaßen zwar alle Merkmale, die wir bei ihren riesigen Vettern antreffen. Jedoch verfügten sie auch über andere körperliche Eigenschaften, die ihnen ganz bestimmte Lebensweisen erschlossen – beispielsweise als Aasräuber, Insektenfresser oder Eierdiebe. Die Tierwelt zu Lebzeiten der Dinosaurier war sicherlich genauso spannend und aufregend wie das Tierleben von heute.

Später Jura (vor 157 bis 146 Mio. J.)
Der Superkontinent beginnt auseinanderzubrechen; im Binnenland herrscht trockene Witterung, an den Küsten feuchtwarmes Klima.

Frühe Kreide (vor 146 bis 97 Mio. J.)
Die Erdteile wandern in größeren, teilweise zusammenhängenden Landmassen; die Pflanzenwelt ist ähnlich wie in Trias und Jura.

Späte Kreide (vor 97 bis 65 Mio. J.)
Einzelne Kontinentalgruppen haben sich getrennt, auf jedem Erdteil leben unterschiedliche Tiere; erste Blütenpflanzen entstehen.

COELOPHYSIS – im Rudel auf Jagd

Wie ein Wolfsrudel huscht eine kleine Gruppe flinker Lebewesen durch das ausgetrocknete Flußbett. Die Tiere halten den großen Kopf gesenkt, die wachen Augen suchen nach Futter. Die schlanken Körper auf den vogelähnlichen Hinterbeinen werden mit Hilfe eines steifen Schwanzes im Gleichgewicht gehalten. Die Hände mit den starken Krallen ziehen sie an die Brust. Coelophysis ist einer der ersten Raubsaurier. Irgendwo in diesem Wasserlauf finden sie ihre Beute – eines der großen, flußpferdähnlichen pflanzenfressenden Reptilien, die während der späten Trias ausstarben, als das Zeitalter der Dinosaurier begann.

Wir wissen, daß Coelophysis in Rudeln lebte, da sich Massen von Skeletten in einem Steinbruch im US-Bundesstaat New Mexico fanden. Hier muß ein ganzes Rudel den Tod gefunden haben. Vielleicht spülte sie eine Überschwemmung fort, oder sie versammelten sich um ein Wasserloch in einer Oase, das austrocknete. Schließlich mußten alle Saurier verdursten. Dieses erscheint wahrscheinlich, da sich bei einigen Skeletten Überreste von Coelophysis-Jungen in der Magengegend fanden. Unter härtesten Bedingungen mußten die Dinosaurier offenbar ihren eigenen Nachwuchs fressen, um zu überleben.

In Connecticut, einem anderen Staat der USA, wimmelt es im Sandstein aus dem frühen Jura von dreizehigen Fußabdrücken von Coelophysis oder einem sehr ähnlichen Tier. Bevor die Menschen etwas über Dinosaurier wußten, hielten sie die Abdrücke für Vogelfährten.

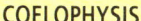

COELOPHYSIS

Länge: bis zu 3 Metern
Höhe: 55 Zentimeter an den Hüften
Gewicht: 18 Kilogramm
Nahrung: kleine Tiere, vielleicht auch große Pflanzenfresser

Verbreitung: New Mexico
Sehr ähnliche Tiere, allerdings aus dem frühen Jura, fanden sich in Arizona und Connecticut sowie in Simbabwe.

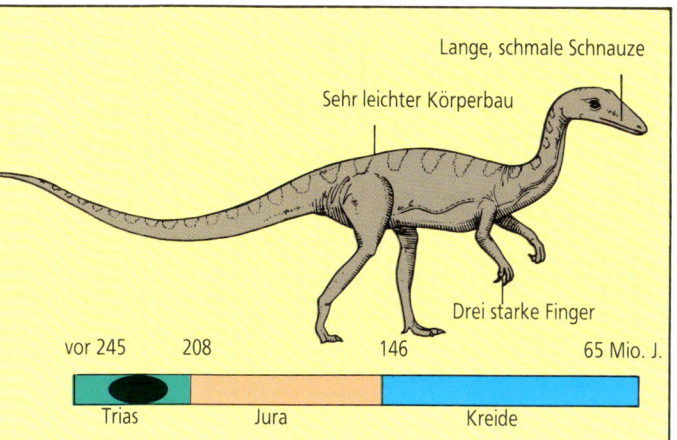

Lange, schmale Schnauze
Sehr leichter Körperbau
Drei starke Finger

vor 245	208		146	65 Mio. J.
Trias	Jura		Kreide	

◁ Das Coelophysis-Rudel pirscht sich durch das trockene Flußbett. Ein aufgescheuchter Icarosaurier, ein fliegendes Reptil, gleitet davon. Coelophysis hatte Zähne wie ein Tranchiermesser. Mit seiner schmalen, biegsamen Schnauze konnte er selbst flinke, kleine Tiere erbeuten.

△ Wölfe der Neuzeit jagen ihre Beute in Rudeln, so wie es vermutlich auch bei Coelophysis der Fall war. Ein Rudel kann größere Beutetiere zur Strecke bringen als ein einzelner Wolf, der sich im Alleingang mit kleinen Tieren begnügen muß.

HETERODONTOSAURUS – Zahn um Zahn

Heutige Reptilien, wie etwa Eidechsen und Krokodile, haben Zähne, die alle gleich groß sind. Nur Säugetiere, beispielsweise Katzen, Hunde, Nagetiere und Affen, haben unterschiedliche Zähne für unterschiedliche Aufgaben: Reißzähne, Schneidezähne, Mahlzähne. Einige Dinosaurier besaßen dagegen Zähne in verschiedenen Größen, die jeweils unterschiedliche Funktionen erfüllten.

Heterodontosaurus (der Name bedeutet »Reptil mit verschiedenen Zähnen«) zählte zu den frühesten Sauriern dieser Art. Er hatte scharfe Vorderzähne zum Abschneiden der Blätter, von denen er sich ernährte, an beiden Seiten lange Eckzähne, wohl zum Zerbrechen der Stengel, und hinten breite Zähne zum Zermahlen der Nahrung. Genauso sind die Zähne beim Menschen angeordnet!

Abgesehen von den Zähnen ähnelten die Heterodontosaurier jedem anderen der primitiven pflanzenfressenden Dinosaurier auf zwei Beinen. Wie die Raubsaurier jener Zeit werden sie sich wohl die meiste Zeit auf den Hinterbeinen fortbewegt haben, wobei sie den Körper mit dem langen Schwanz ausbalancierten. Hättet ihr damals schon gelebt, wäre es euch nicht schwergefallen, zweibeinige Pflanzenfresser und zweibeinige Fleischfresser auseinanderzuhalten. Der Körper der Pflanzenfresser war viel schwerer, da sie zur Verdauung der zähen Kost einen sehr großen Verdauungsapparat benötigten. Außerdem hatten fast alle zweibeinigen Pflanzenfresser Backentaschen, damit während des Kauens die Nahrung nicht aus dem Mund fiel. Die Raubsaurier hatten dagegen Kiefer wie Krokodile.

Vor einigen abgestorbenen Bäumen am Wüstenrand ist ein Heterodontosaurus auf Futtersuche. Die unterschiedlichen Zahntypen sind deutlich zu erkennen.

HETERODONTOSAURUS
Länge: 1,2 Meter
Höhe: 60 Zentimeter in aufrechter Haltung
Gewicht: 10 Kilogramm
Nahrung: Pflanzen, vermutlich niedrig wachsende Wüstenvegetation

Verbreitung: Südafrika

Backentaschen

Verschieden große Zähne

Vorstehende Zähne bei einigen Exemplaren

Kleiner Körper

vor 245   208   146   65 Mio. J.

Trias   Jura   Kreide

▷Häufig fand man zusammengerollte Heterodontosaurus-Skelette. Vielleicht verschliefen sie die trockeneren Jahreszeiten in Höhlen, so wie manche Wüstentiere der Neuzeit, beispielsweise diese Kap-Eichhörnchen.

SCUTELLOSAURUS – das Panzerkleid

Je weiter das Zeitalter der Dinosaurier fortschritt, desto mehr Tricks entwickelten die Pflanzenfresser, um den Raubsauriern zu entkommen oder sich vor ihnen zu schützen. Einige entwickelten sich zu schnellen Läufern. Andere panzerten sich. Scutellosaurus, den man in Gesteinen des frühen Juras in Nordamerika fand, scheint zu den ersten Arten zu gehören, die sowohl schnell liefen als auch gepanzert waren.

Er war leicht gebaut, und obwohl er nicht so lange Hinterbeine hatte wie andere Pflanzenfresser seiner Zeit, war er an den Hüften gut ausbalanciert. Er besaß einen dünnen und sehr langen Schwanz – anderthalb mal so lang wie der Rumpf. Scutellosaurus konnte mit Leichtigkeit allen Gefahren entkommen. Gemessen an den Hinterbeinen waren seine Arme ziemlich lang, daher wird er wohl die meiste Zeit auf allen vieren gelaufen sein. Er hatte winzige, fünffingrige Klauen.

Das auffälligste Merkmal dieses Dinosauriers war sein Panzer. Parallele Reihen von Knochenplatten überzogen seinen Rücken und bildeten einen stacheligen Kamm vom Schädel bis zur Schwanzspitze. Wurde der Scutellosaurus angegriffen, preßte er sich vermutlich an den Boden und hielt dem Feind seinen Panzer entgegen. Ein Raubsaurier, der dennoch hineinbiß, hatte das Maul voller Knochen.

Ansonsten ähnelte Scutellosaurus von seiner Größe her einer Eidechse, nur der Kopf unterschied sich völlig von dem der meisten anderen zweibeinigen Pflanzenfresser: Im Gegensatz zu ihnen hatte er nämlich keine Backentaschen. Statt dessen benutzte er seine weit auseinanderstehenden, blattförmigen Zähne zum Zerkleinern der Nahrung.

▷ Der langschwänzige, mit Knochenplättchen übersäte Scutellosaurus läßt seinen Blick umherschweifen, hält Ausschau nach möglichen Feinden. Könntet ihr ihn über trockene Steine huschen oder im Unterholz verschwinden sehen, hieltet ihr ihn vermutlich für eine Eidechse. Scutellosaurus bedeutet »Echse mit kleinen Schilden«.

◁ In unserer Zeit kommt der Schuppenpanzer des Tannenzapfentiers dem von Scutellosaurus am nächsten. Wie der kleine Dinosaurier kann auch das Tannenzapfentier einem räuberischen Verfolger schnell davonlaufen. Wird es dennoch gefangen, schützt es sein Schuppenkleid.

SCUTELLOSAURUS
Länge: 1,20 Meter
Höhe: 30 Zentimeter an den Hüften
Gewicht: 9 Kilogramm

Nahrung: Pflanzen
Verbreitung: Arizona

Reihen aus Knochenplättchen

Kleiner Körper

Keine Backentaschen

Kräftige Vorderbeine

Langer Schwanz

vor 245   208   146   65 Mio. J.

Trias   Jura   Kreide

SCELIDOSAURUS – schwer und stachelig

Es ist die Zeit des frühen Juras. Ein niedriger Hochlandkamm erstreckt sich über das Gebiet, das heute zwischen Wales und Belgien liegt. Die Pflanzen, die auf den Hügeln wachsen, haben überall die gleiche Färbung – das Grün der Nadelbäume und Baumfarne. Nirgendwo gibt es Blumen. Hin und wieder kreisen Dimorphodons – fliegende Reptilien mit einem großen Kopf – am klaren Himmel. Im Tal zerteilen sich die Farne, ein kleiner, mit Buckeln bedeckter Saurier, ein Scelidosaurus, erscheint und trabt zum Wasser hinunter, um zu trinken.

Im frühen Jura begannen die großen Pflanzenfresser, Panzer zu entwickeln. Scelidosaurus war einer der ersten Ankylosaurier. Mit der Größe eines Schafs oder einer Kuh war Scelidosaurus kein ausgesprochen großes Tier. Doch offensichtlich war er zu schwer, um seinen Feinden davonzulaufen. Der Panzer diente zu seiner Verteidigung. Er bestand aus Reihen von »Knochenknöpfen«, die in der Rückenhaut saßen und von der Rückseite des Schädels bis zur Schwanzspitze reichten. Beim lebenden Tier waren die Buckel wohl mit Horn überzogen und ziemlich stachelig. Seine Beine waren recht stämmig.

Die Hauptgruppen gepanzerter Dinosaurier traten erst im späten Jura und in der frühen Kreide auf. Die Wissenschaftler hielten Scelidosaurus von jeher für den Urahnen späterer Ar-

SCELIDOSAURUS
Länge: 4 Meter
Höhe: bis zu 1,20 Meter an
den Hüften
Gewicht: 250 Kilogramm

Nahrung: Pflanzen
Verbreitung: Südengland,
mit verwandten Arten in
Portugal und Deutschland

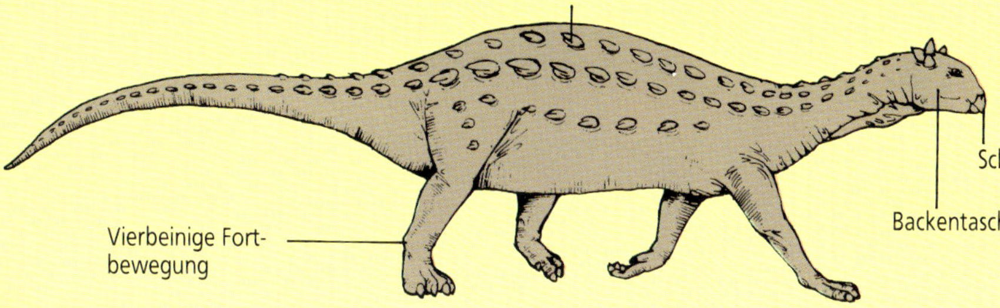

Reihen kegelförmiger Buckel auf dem Rücken

Schnabel

Backentaschen

Vierbeinige Fort-
bewegung

vor 245	208		146	65 Mio. J.
Trias		Jura		Kreide

◁ Der gepanzerte Scelidosaurus nähert sich einem Meeres-
strand der frühen Jurazeit.
Wahrscheinlich hielt er den
Kopf dicht am Boden, um
niedrige Pflanzen wie Farne,
Schachtelhalme und Palmfarne zu fressen.

ten. Die beiden großen Gruppen waren die
Stegosaurier mit aufrechten Rückenplatten
und die Ankylosaurier mit waagrechten Schilden und seitlich abstehenden Stacheln.

Höchstwahrscheinlich gehörte Scelidosaurus zu jener Gruppe, aus denen die Ankylosaurier hervorgingen. Dafür spricht auch, daß der
Schädel des Scelidosaurus in Knochenplatten
eingebettet war, genauso wie bei den Ankylo-
sauriern, aber anders als bei den Stegosauriern. Allerdings gibt es bislang keine Fossilienfunde von gepanzerten Dinosauriern, die in
den 40 Millionen Jahren zwischen dem Scelidosaurus und dem ersten Auftreten der späte-
ren Ankylosaurier lebten.

▽ Das Panzernashorn ist ein großer, stämmiger Pflanzenfresser.
Seine Panzerung besteht aus dicken Lappen ledriger Haut. Sein
Panzer schützt es bei Kämpfen mit Rivalen um Revier und Nas-
hornkühe.

ORNITHOLESTES – ein kleiner, flinker Jäger

Auf den Ebenen im Westen Nordamerikas jagten im späten Jura mächtige Räuber, unter ihnen Allosaurus, Herden riesiger Pflanzenfresser wie Apatosaurus und Brachiosaurus sowie gepanzerte Riesen wie Stegosaurus. Doch nicht alle Dinosaurier jener Zeit waren große Monster. Es gab auch leichtgewichtige, flinke kleine Fleischfresser wie Ornitholestes.

Die kleinen Säuger jener Zeit, Eidechsen und eidechsenähnliche Tiere und sogar frisch geschlüpfte Dinosaurier waren eine leichte Beute für jeden kleinen Jäger von der Größe eines Schakals. Ein solches Tier war Ornitholestes, und sein leichter Körperbau verlieh ihm wohl die Schnelligkeit, Eidechsen zu erbeuten oder wütenden Dinosauriereltern zu entkommen, die ihre Nester geplündert vorfanden.

Die Körperform von Ornitholestes glich derjenigen seiner großen Verwandten unter den Raubsauriern. Vermutlich war er mit Allosaurus, der in der gleichen Gegend lebte, eng verwandt. Mit den Händen war Ornitholestes äußerst geschickt. Jede Hand hatte zwei sehr lange und einen ganz kurzen Finger. Wahrscheinlich benutzte Ornitholestes den kurzen Finger wie einen Daumen zum Greifen. Alle drei Finger besaßen starke Krallen. Der Schädel von Ornitholestes war sehr kurz, was für die kleineren Raubsaurier ungewöhnlich ist. Der Unterkiefer war lang und kräftig. Wahrscheinlich tötete er seine Beute mit einem starken Biß, so wie es Katzen tun, anstatt sie mit den Klauen zu zerreißen.

Ornitholestes bedeutet »Vogelräuber«, doch es gibt keinen Beweis dafür, daß er wirklich Vögel fing und fraß.

△ Der heute in Afrika lebende Sekretär verhält sich wie Ornitholestes. Er ist ein schneller, langbeiniger Bodenvogel, der kleine Säugetiere und Reptilien so durch das Unterholz jagt, wie wir es uns von Ornitholestes während der Jurazeit vorstellen.

ORNITHOLESTES
Länge: 1,80 Meter
Höhe: 40 Zentimeter an den Hüften
Gewicht: 11 Kilogramm
Nahrung: Fleisch, vermutlich kleine Lebewesen oder Aas
Verbreitung: Wyoming

Kleiner Kamm

Zwei Greiffinger und ein Daumen

vor 245	208	146	65 Mio. J.
Trias	Jura		Kreide

◁ Ornitholestes raubt ein junges Krokodil aus dem Nest, um es zu verschlingen. Wahrscheinlich schlang er die Beute gleich nach dem Töten in einem Stück hinunter. Dank seiner geringen Größe konnte Ornitholestes schnelle Tiere jagen, die den großen, unbeweglicheren Raubsauriern entkamen.

ELAPHROSAURUS – ein vogelartiger Räuber

Dieser Dinosaurier war wie ein Gepard – lang und schlank, für Schnelligkeit gebaut –, doch er lief nur auf den Hinterbeinen. Er lebte in der waldigen Küstenebene von Tansania (Ostafrika) in der Zeit des späten Juras. Der riesige langhalsige Pflanzenfresser Brachiosaurus und der Stegosaurier Kentrosaurus teilten mit ihm diesen Lebensraum. Mit ihnen legte er sich allerdings nicht an. Statt dessen jagte er kleine oder mittelgroße Pflanzenfresser wie Dryosaurus, einen nahen Verwandten von Hypsilophodon.

Der leichte Körperbau und Teile des Skeletts von Elaphrosaurus, besonders der Arme, lassen eine Verwandtschaft mit den kleinen Raubsauriern der Trias und des frühen Jura, wie etwa dem Coelophysis, vermuten.

Doch von der Größe und seinen Beinknochen her scheint er ein früher Vertreter der vogelähnlichen Saurier wie Avimimus zu sein, die später weit verbreitet waren.

In den zwanziger Jahren unseres Jahrhunderts entdeckte man in Tansania ein unvollständiges Skelett. Seitdem wurden überall in Nordafrika einzelne Knochen gefunden, die vermutlich vom Elaphrosaurus stammen. In den achtziger Jahren fand man in Gesteinen der späten Jura in Wyoming (USA) einen Armknochen dieses Tieres. Daher ist anzunehmen, daß sich Elaphrosaurus, ebenso wie die Brachiosaurier und Stegosaurier, über die ganze Welt verbreiteten, bevor die Kontinente in der Mitte des Zeitalters der Dinosaurier auseinanderbrachen.

▽ Der schlanke, flinke Elaphrosaurus muß den wendigen Pflanzenfresser Dryosaurus im späten Jura durch die Wälder und Dickichte Tansanias verfolgt haben. Um die Beute zur Strecke zu bringen, mußte er ihr kreuz und quer hinterherjagen.

74

△ Jäger und Gejagte heute: Auf den Ebenen Tansanias setzt ein Gepard einer Gazelle nach. Beide Tiere sind für schnelles Laufen gebaut. Manchmal gewinnt der Gepard das Rennen, manchmal die Gazelle. Auch unter Dinosauriern stand der Sieger nicht von vornherein fest.

ELAPHROSAURUS
Länge: 6 Meter
Höhe: 1,50 Meter an den Hüften
Gewicht: 200 Kilogramm
Nahrung: Fleisch
Verbreitung: Tansania

(Schädel fehlt, Kopf daher unbekannt)

Langgestreckter Körper

vor 245	208		146	65 Mio. J.
Trias	Jura		Kreide	

KENTROSAURUS – viele Besonderheiten

Bei Stegosauriern denken wir meistens an den schweren Stegosaurus selbst. Doch zu den Stegosauriern zählten Dinosaurier ganz unterschiedlicher Form und Größe. Kentrosaurus war nur so groß wie eine Kuh, aber das war nicht die einzige Besonderheit. Die Anordnung der Rückenplatten war ganz anders als beim Stegosaurus. Anstelle einer Doppelreihe breiter Kacheln besaß Kentrosaurus schmale Platten, die man als Stacheln bezeichnen könnte. Der Name bedeutet »spitze Echse«. Während die Platten über dem Nacken klein und blattförmig waren, wurden sie über Hüften und Schwanz zu langen schmalen Stacheln. In der Schulter- oder Hüftgegend wuchs außerdem ein Paar seitlich abstehender Stacheln.

Die Wissenschaftler streiten sich über den genauen Zweck der Platten oder Stacheln von Stegosauriern. Viele glauben, daß der Stegosaurus seine großen, breiten Platten zur Wärmeregulierung des Körpers brauchte. Die Platten und Stacheln von Kentrosaurus scheinen dafür aber zu schmal gewesen zu sein. Vielleicht war Kentrosaurus aufgrund seiner kleinen Größe nicht auf ein derart kompliziertes Temperaturkontrollsystem angewiesen. Wahrscheinlich dienten Platten und Stacheln nur als

Schutzpanzer. Erst mit dem Aufkommen der großen Stegosaurier, wie etwa dem Stegosaurus, entwickelten sich die Stacheln dann zu großflächigen Wärmeaustauschern.

Zweites Gehirn oder Steuerzentrale?

Auch über die Funktion eines anderen Merkmals können sich die Experten nicht einigen: eines Hohlraumes, der sich zwischen den Hüftknochen der Stegosaurier befand. Früher hielt man ihn für den Sitz eines »zweiten Gehirns«, das die Bewegung von Hinterbeinen und Schwanz steuerte. Es ist jedoch wahrscheinlicher, daß sich dort eine Drüse oder ein Organ – eine Körpergewebsmasse – zur Energieversorgung im Notfall befand.

▷ Ein Kentrosaurus weidet im Dickicht. Vor den fürchterlichen Räubern seiner Zeit schützen ihn seine klingenähnlichen Platten und spitzen Stacheln. Die Forscher vermuten, daß sich die zur Seite weisenden Stacheln über der Hüfte befanden, doch neuere Entdeckungen in China beweisen, daß sie über der Schulter saßen, wie auf diesem Bild. Kentrosaurus lebte im späten Jura an den bewaldeten Flußufern Tansanias.

KENTROSAURUS

Länge: bis zu 4,5 Meter
Höhe: 1 bis 2 Meter   **Nahrung:** Pflanzen
Gewicht: 450 Kilogramm   **Verbreitung:** Tansania

Schmale Platten auf Nacken und Rücken

Kleiner Kopf

Lange Schwanzstacheln

Schna-
bel

Backentaschen

vor 245   208   146   65 Mio. J.

Trias   Jura   Kreide

COMPSOGNATHUS – der Eidechsenjäger

Ein Tier, so groß wie ein Hühnchen, saust am Ufer entlang und scheucht dabei Wolken von Sandfliegen aus den Seetanghaufen auf.

Das entspricht nicht der Vorstellung, die wir von einem Dinosaurier haben, oder? Aber so sieht Compsognathus aus, der kleinste und leichteste bekannte Saurier. Er muß einem nackten Huhn geähnelt haben. Körperbau und Gestalt glichen dem ersten Vogel, Archaeopterix, der zur selben Zeit und in derselben Gegend lebte: im späten Jura auf einer Inselgruppe innerhalb eines Flachmeers, das damals den größten Teil des heutigen Nordeuropas bedeckte.

Die bisher entdeckten Skelette von Compsognathus existieren als gut erhaltene Fossilien in Kalkstein, der sich vor langer Zeit in seichten Gewässern bildete. Der Kalkstein formte sich so vollkommen, daß er Einzelheiten aus dem Leben des Dinosauriers konservierte. Das berühmteste Skelett, das in Deutschland gefunden wurde, stammt vermutlich von einem Weibchen. Die Knochen der letzten Mahlzeit lagen noch in der Magenhöhle. Es handelte sich um eine schnelle, langschwänzige Echse ähnlich dem heutigen Leguan.

Jetzt können wir uns die letzten Aktivitäten des Compsognathus-Weibchens ausmalen.

Auf der Suche nach einem Eiablageplatz sieht es eine Eidechse über das Ufer huschen. Diese Gelegenheit läßt es sich nicht entgehen. Es setzt der Eidechse auf seinen langen Hinterbeinen nach, und nach kurzer Verfolgungsjagd schnappt es sie mit seinen kleinen Zähnen, tötet sie und schlingt sie ganz hinunter. Vielleicht geriet es auf seiner Jagd so nah ans Ufer, daß es eine Welle erfaßte und es darin ertrank. Allmählich sank der Compsognathus auf den Meeresgrund und versteinerte.

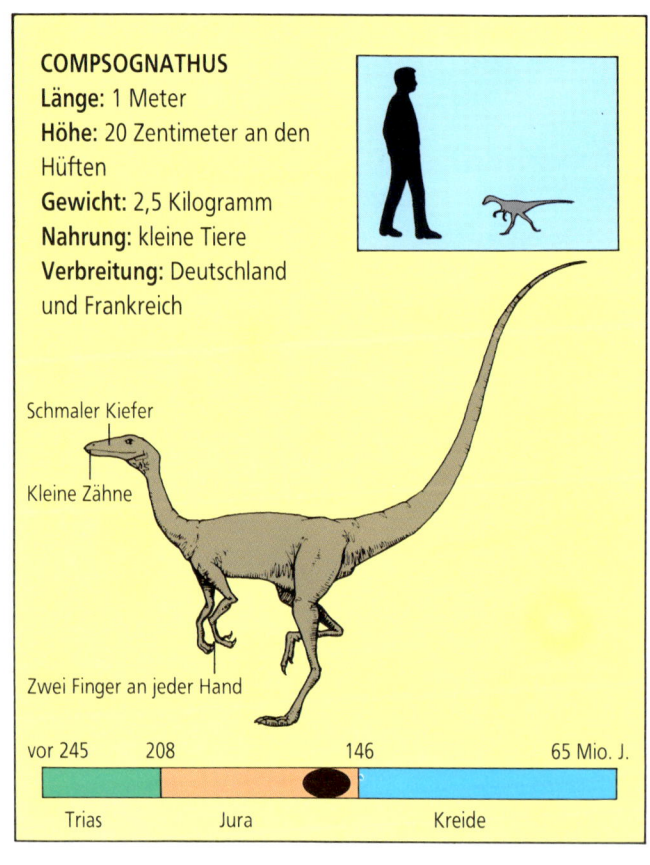

COMPSOGNATHUS
Länge: 1 Meter
Höhe: 20 Zentimeter an den Hüften
Gewicht: 2,5 Kilogramm
Nahrung: kleine Tiere
Verbreitung: Deutschland und Frankreich

Schmaler Kiefer

Kleine Zähne

Zwei Finger an jeder Hand

vor 245	208	146	65 Mio. J.
Trias	Jura		Kreide

▽ Der Steckbrief eines Compsognathus würde lauten: Ein gerupftes Huhn mit langem Schwanz und einem Maul mit Zähnen. Ein Skelett des Urvogels Archaeopterix hielt man zunächst für das eines Compsognathus, bis die Abdrücke von Federn daran entdeckt wurden.

HYPSILOPHODON – klein, aber flink

Hypsilophodon war ein Ornithopode, der mit hoher Geschwindigkeit laufen konnte, um den großen Räubern zu entkommen. Er war für einen Pflanzenfresser sehr leicht und an den Hüften perfekt ausbalanciert. Die Beine waren lang und graziös, mit kurzen Oberschenkeln und überlangen Schienbeinen und Zehen. Die meisten Beinmuskeln bewegten den kurzen Schenkelknochen. Dies bedeutet, daß das ganze Gewicht auf Schenkel und Hüfte lastete, während der Rest des Beins sehr leicht gebaut war. Deshalb konnte Hypsilophodon die Beine schnell bewegen und somit gut sprinten.

Davon einmal abgesehen, muß Hypsilophodon ein wenig den Iguanodons geähnelt haben, den klassischen großen pflanzenfressenden Sauriern der frühen Kreide in Südengland. Mit einem scharfen, schmalen Schnabel rupfte sich Hypsilophodon Schößlinge und Blätter ab. Diese zerkleinerte er mit meißelähnlichen Backenzähnen, wobei die Backentaschen verhinderten, daß sie ihm dabei aus dem Mund fielen.

Die Arme von Hypsilophodon waren ziemlich lang, aber immer noch kürzer als die Beine. An jeder Hand saßen fünf kurze, dicke Finger, die sich hervorragend zum Greifen und Heranziehen des Futters eigneten. Wie die meisten zweibeinigen Dinosaurier hatte auch Hypsilophodon einen langen Schwanz, der durch knochige Sehnen versteift und gerade nach hinten gestreckt war.

Auf der südenglischen Isle of Wight wimmelt es in einer Gesteinsschicht nur so von Hypsilophodon-Skeletten. Offenbar wurde hier eine ganze Herde bei einer Naturkatastrophe getötet. Vielleicht überraschte sie die Flut beim Überqueren der Schlammzonen im Küstengebiet, oder sie gerieten in Treibsand.

HYPSILOPHODON
Länge: 2 Meter
Höhe: 90 cm an den Hüften
Gewicht: 25 Kilogramm

Nahrung: Blätter und Jungtriebe niedrig wachsender Pflanzen
Verbreitung: Südengland

Schnabel

Backentaschen

Fünf Finger

Leichter Körperbau

Laufbeine mit kurzen Ober- und langen Unterschenkeln

vor 245	208	146	65 Mio. J.
Trias	Jura	Kreide	

▽ Eine Gruppe von Hypsilophodonten stapft durch den Regen. Sie waren so etwas wie die Gazellen der Saurierzeit, denen sie von der Körpergröße und der Bauweise der Beine her glichen.

PSITTACOSAURUS – harte Knochen und ein Schnabel

Der Kopf von Psittacosaurus war schmal und eckig und hatte einen riesigen Schnabel – er sah so aus wie ein Papageienkopf. Daher auch sein Name: Psittacosaurus bedeutet »Papageienechse«. Die kantige Kopfform stammt von einem Knochenkamm, der sich um die Hinterseite des Schädels zog. Darin waren die starken Kiefernmuskeln verankert, die dem großen Schnabel den kräftigen Biß verliehen.

Die Forschung geht davon aus, daß Psittacosaurus zu einer Dinosauriergruppe gehörte, aus denen am Ende der Kreidezeit die Saurier mit den großen Hörnern hervorgingen. Wir können leicht nachvollziehen, wie es dazu kam. Als der Körper größer wurde, ging das Tier zur vierbeinigen Lebensweise über, was den Kopf näher an die niedrig wachsenden Pflanzen brachte, von denen es sich ernährte. Die Knochenanordnung im Schnabel ist dieselbe wie in den Schnäbeln der Horndinosaurier. Der Kamm an der Schädelhinterseite entwickelte sich dann zu einem Nackenschild.

Einige Psittacosaurus-Arten hatten einen breiten Kopf mit Stacheln, die seitlich aus den Backenknochen wuchsen. Diese Stacheln können sich leicht zu wehrhaften Hörnern weiterentwickelt haben. Eine Art trug bereits ein winziges Nasenhorn und war somit ein typischer Horndinosaurier wie der Triceratops.

△ Der Schnabel des heutigen Papageis ist ein kräftiges Werkzeug. Der Vogel kann damit harte Nüsse knacken. Sein Futter bewegt der Papagei im Maul mit seiner Zunge hin und her. Vielleicht besaß auch Psittacosaurus solch eine Zunge?

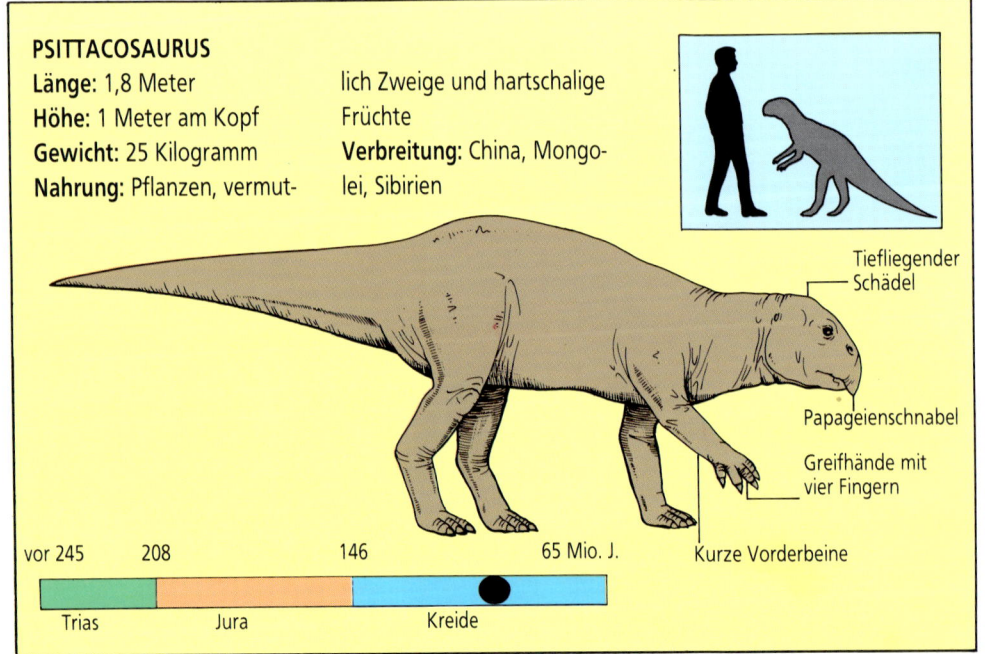

PSITTACOSAURUS
Länge: 1,8 Meter
Höhe: 1 Meter am Kopf
Gewicht: 25 Kilogramm
Nahrung: Pflanzen, vermut-lich Zweige und hartschalige Früchte
Verbreitung: China, Mongolei, Sibirien

Tiefliegender Schädel

Papageienschnabel

Greifhände mit vier Fingern

Kurze Vorderbeine

vor 245	208	146	65 Mio. J.
Trias	Jura	Kreide	

▷ Psittacosaurus fraß Blätter und Früchte. Der riesige Schnabel und die starken Kiefermuskeln dieses kleinen Sauriers erlaubten es ihm, selbst in härteste Pflanzen zu beißen.

82

Anpassung an eine neue Futterquelle

Die frühesten Horndinosaurier lebten wie Psittacosaurus zur Zeit der späten Kreide in der
Mongolei. Später wanderten sie dann wohl
nach Nordamerika hinüber, der Heimat der
großen Horndinosaurier am Ende der Kreidezeit.

Etwa zu dieser Zeit setzte auf der ganzen
Welt ein Vegetationswandel ein. Die Palmfarne und farnartigen Pflanzen starben aus und
wurden durch die Blütenpflanzen verdrängt,
die wir heute kennen. Vielleicht legte sich Psittacosaurus den großen Schnabel zu, um die
harten, verholzten Stengel zerbrechen und
die harten Samen und Nüsse dieser neuen
Pflanzen knacken zu können.

STYGIMOLOCH – ein geselliger Dickschädel

Der Kopf dieses Dinosauriers sah schon recht merkwürdig aus: So groß wie ein Fußball, gewölbt und mit einem Kranz aus Stacheln und Hörnern umgeben. Doch wie fast alle anderen furchterregenden Tiere war auch Stygimoloch ein harmloser Pflanzenfresser.

Er zählte zu einer Gruppe von Dinosauriern, die wir als Pachycephalosaurier (»Dickkopfsaurier«) bezeichnen. Im Körperbau glichen sie den anderen Ornithopoden, unterschieden sich von ihnen aber vollkommen in der Kopfform. Der obere Teil des Schädels war sehr dick. Bei einigen Arten, auch beim Stygimoloch, erweiterte sich diese Verdickung zu einer gewölbten Kuppel. Allem Anschein nach hätte der Schädel ein großes Hirn beherbergen müssen, doch er bestand fast nur aus Knochen. Und diese Knochenschicht war so dick, daß sie extremen Kräften und Belastungen standhielt.

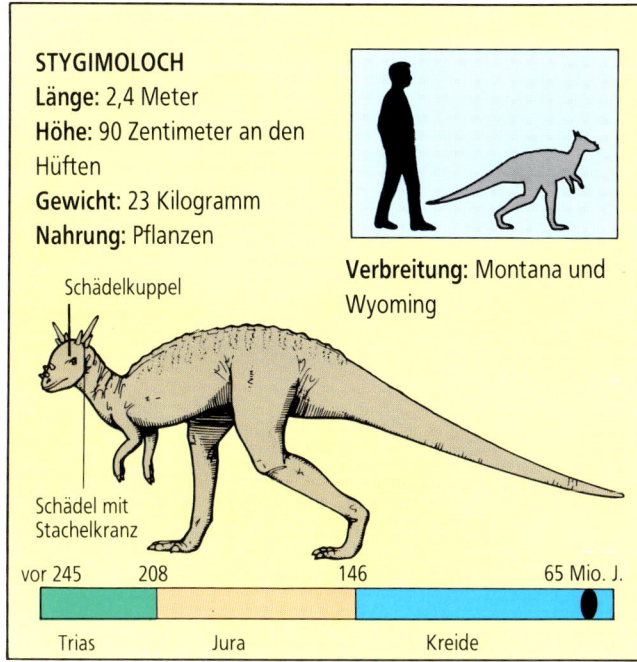

STYGIMOLOCH
Länge: 2,4 Meter
Höhe: 90 Zentimeter an den Hüften
Gewicht: 23 Kilogramm
Nahrung: Pflanzen

Verbreitung: Montana und Wyoming

Schädelkuppel

Schädel mit Stachelkranz

vor 245	208	146	65 Mio. J.
Trias	Jura	Kreide	

◁ Nach dem Kampf mit einem Rivalen ruht sich ein männlicher Stygimoloch im Schatten aus. Bei solchen »Kopf-an-Kopf-Kämpfen« ging es wohl um die Führung der Herde, so wie heute bei den Böcken der Bergziegen. Vielleicht waren auch die Knochenschädler Bergbewohner. Die meisten bekannten Überreste bestehen aus Schädeln, die vom Gebirge heruntergespült und stark durch Wasser ausgewaschen waren, bevor sie versteinerten.

▽ Der Moloch oder Wüstenteufel unserer Zeit hat einen Stachelkranz um den Kopf. Vielleicht hielten die Stacheln des Stygimoloch ähnlich wie beim Wüstenteufel die Fleischfresser fern.

Wenig Hirn, viel Muskeln

Wozu diente wohl so ein Dickschädel? Wahrscheinlich lebten die Knochenschädler in Herden, und die erwachsenen Männchen kämpften um die Führung, indem sie wie Schaf- und Ziegenböcke mit den Köpfen aneinanderstießen. Die Nacken- und Rückenknochen konnten der Erschütterung beim Rammen widerstehen. Bei Stygimoloch war die dicke Schädeldecke von Stacheln umgeben, was zweifellos dazu diente, den Kopf größer und abschreckender wirken zu lassen. Vielleicht gingen die Stygimoloch-Rivalen nicht nur aufeinander los und rammten sich, sondern verkeilten ihre Hörner in die des Gegners und versuchten, ihn wegzuschieben.

Die Hüften der Pachycephalosaurier waren sehr breit; möglicherweise legten sie also gar keine Eier, sondern brachten lebende Junge zur Welt.

OVIRAPTOR – der flinke Eierdieb

Eier enthalten viel Protein – sie haben einen hohen Nährwert. Viele Dinosaurier legten Eier, und daher gab es zu ihren Lebzeiten viele Gelege und Nester mit Eiern. Ein Merkmal der Evolution ist, daß immer, wenn eine neue Nahrungsquelle auftaucht, sich ein anderes Lebewesen entwickelt, das diese Nahrungsquelle nutzt. Wir nehmen an, daß der Oviraptor entstand, weil die Eier anderer Tiere eine bequeme Nahrungsquelle darstellten.

Das erste Oviraptor-Skelett, das man entdeckte, lag in der Nähe eines Nestes voller Eier von Protoceratops, einem der ersten Horndinosaurier. Wahrscheinlich wehte ein Sandsturm den Oviraptor zu, als er gerade das Nest plünderte.

Der Kopf von Oviraptor sah eigenartig aus:

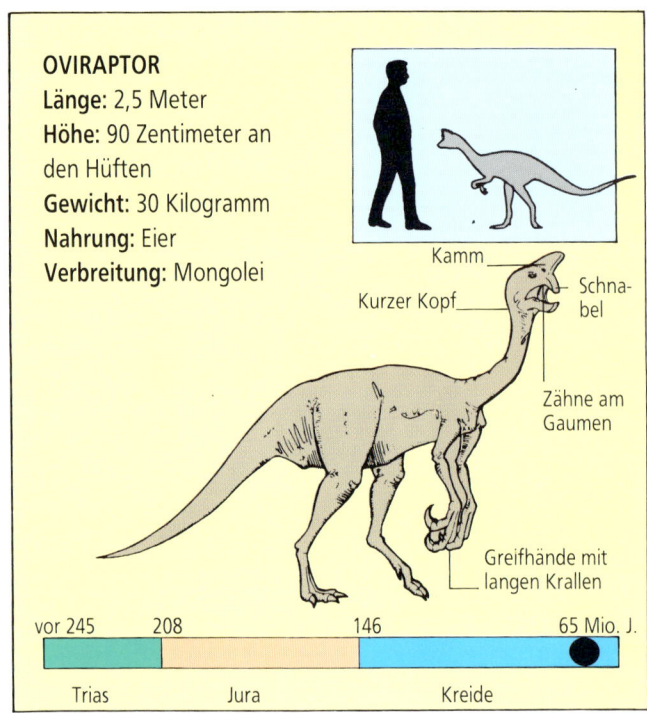

OVIRAPTOR
Länge: 2,5 Meter
Höhe: 90 Zentimeter an den Hüften
Gewicht: 30 Kilogramm
Nahrung: Eier
Verbreitung: Mongolei

Kamm

Schnabel

Kurzer Kopf

Zähne am Gaumen

Greifhände mit langen Krallen

vor 245	208	146	65 Mio. J.
Trias	Jura	Kreide	

△ Auch heute noch gibt es Vögel, die die Eier ihrer Artgenossen fressen. Diese Krähe ist dabei, sich ein Gänseei einzuverleiben. Das wissen wir, weil wir es beobachten können. Bei Dinosauriern müssen wir aus der Form von Maul und Zähnen schließen, was sie gefressen haben.

extrem kurz mit einem tiefen Schnabel. Er besaß ein einziges Paar Zähne hoch oben am Gaumen. Ein derart geformtes Maul hätte sich vorzüglich zum Aufschlagen von Eiern geeignet. Oviraptor hatte einen hohen Kamm auf dem Kopf. Die Augen befanden sich an beiden Seiten des Kopfes, damit er beim Fressen rundum nach Feinden Ausschau halten konnte. Die Hände waren kurz und hatten drei Krallenfinger.

Der Körper von Oviraptor war wie der von kleinen Raubsauriern gebaut, so daß er wohl sehr einem großen Vogel ähnelte. Die langen Beine ermöglichten ihm eine schnelle Flucht, wenn Gefahr drohte. Doch wenn es zum Kampf kam, wurden die großen Klauen und der starke Schnabel zu schrecklichen Waffen.

▷ Ein Oviraptor beugt sich im Mondschein über ein Dinosauriernest und hält Ausschau nach dem Besitzer. Der Oviraptor entwickelte sich zum Eierfresser. Mit seinen biegsamen Händen konnte er ein Ei halten und dabei mit weit aufgerissenem Maul und speziellen Zähnen die Schale durchbrechen. Dann schlürfte er das Ei aus.

AVIMIMUS – fast schon ein Vogel

Avimimus, »der Vogelnachahmer«, ähnelte von allen Dinosauriern am meisten einem Vogel. Er hatte große Augen wie eine Eule. Der Schädel war so schmal wie der eines Fasans. Die langen Beine glichen denen eines Erdkuckucks; die Zehen waren kurz wie beim Strauß. Die Arme konnte er wie Flügel dicht an den Körper legen. Das ganze Tier war tatsächlich so vogelartig, daß einige Paläontologen glauben, er stamme von den Urvögeln oder wenigstens von einem früheren fliegenden Lebewesen ab. Sie stellen den Saurier im Federkleid dar. Doch er war kein Vogel.

Die Hüften von Avimimus waren typisch für Dinosaurier, und die Arme für echte Flügel zu klein. An dem einzigen bekannten Avimimus-Skelett fehlt der Schwanz. Daher vermuten manche Forscher, daß er statt dessen – wie die Vögel – ein Büschel langer Federn besaß. Aber andere Wissenschaftler sind nicht dieser Meinung, da die Hüftknochen sehr breit sind und uns zeigen, wo die starken Schwanzmuskeln ansetzten.

Obwohl Avimimus mit den kleinen Raubsauriern verwandt war, fraß er wohl eher Pflanzen – so wie Bären und Pandas mit den fleisch-

◁Der amerikanische Erdkuckuck besitzt Laufbeine, die denen der Avimimus ähneln. Dieser Vogel kann zwar fliegen, läuft jedoch in der Regel am Boden. Genauso rannte wohl auch Avimimus.

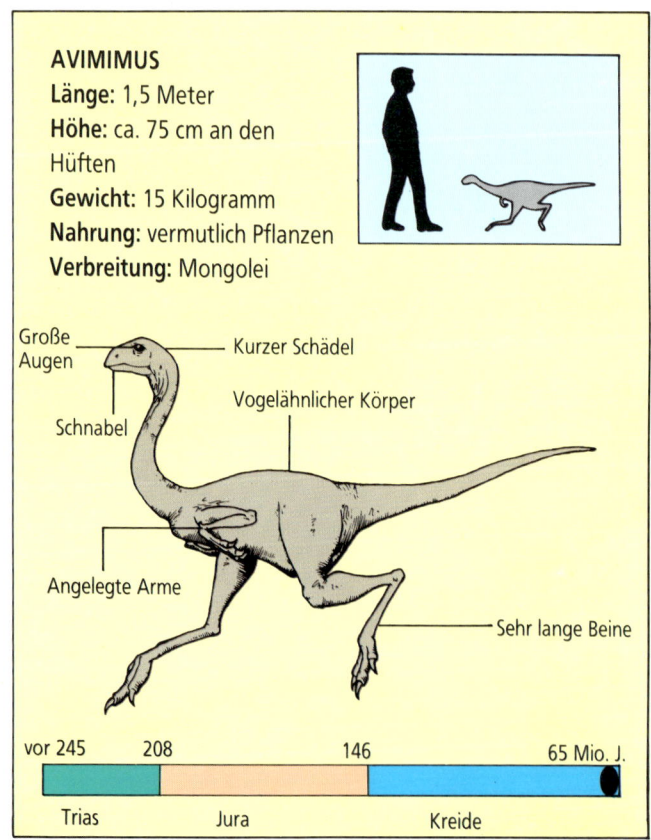

AVIMIMUS
Länge: 1,5 Meter
Höhe: ca. 75 cm an den Hüften
Gewicht: 15 Kilogramm
Nahrung: vermutlich Pflanzen
Verbreitung: Mongolei

Große Augen

Kurzer Schädel

Schnabel

Vogelähnlicher Körper

Angelegte Arme

Sehr lange Beine

vor 245   208   146   65 Mio. J.

Trias   Jura   Kreide

fressenden Hunden und Katzen verwandt sind, sich aber überwiegend pflanzlich ernähren. Avimimus bevorzugte eine ganz andere Kost als seine Vettern. Der breite, straußenähnliche Schnabel war offenbar niedrig wachsenden Pflanzen angepaßt, und mit dem langen Straußenhals konnte er leicht den Boden erreichen. Der sägeartig gezackte Schnabelrand ermöglichte es ihm, Pflanzen vom Boden zu reißen.

Die Beine, die ebenso lang wie Rumpf und Hals waren, zeigen, daß es sich ganz klar um ein Lauftier handelte. Es weidete auf den weiten Prärien und suchte das Weite, sobald ein fleischfressender Verwandter auftauchte. Avimimus lebte in der mongolischen Steppe zur Zeit der späten Kreide. Dort gab es zur gleichen Zeit auch den Eierdieb Oviraptor sowie kleine Raubsaurier, die schnell zu Fuß und mit tödlichen Klauen bewaffnet waren. Sicher blieb Avimimus recht häufig Sieger in diesem Rennen.

▽ Avimimus sprintet über die zentralasiatische Steppe zur Zeit der späten Kreide mit wippendem Kopf und angelegten Armen. Da er für schnelles Laufen wie geschaffen war, dürfte er den meisten Raubsauriern davongerannt sein.

Das Zeitalter der Dinosaurier

Die ersten Dinosaurier erschienen vor 225 Millionen Jahren in einer Periode, die von den Wissenschaftlern späte Trias genannt wird. In der nächsten Periode, dem Jura, erreichten sie den Höhepunkt ihrer Entwicklung und verschwanden dann vor etwa 65 Millionen Jahren gegen Ende der Kreidezeit. Wie in dieser »Zeitleiste« zu erkennen ist, veränderten sich während dieser gewaltigen Zeitspanne auch die Erdoberfläche, das Klima und die Pflanzenwelt immer wieder.

Trias (vor 245 bis 208 Mio. J.)
Eine einzige gewaltige Landmasse (auch Superkontinent genannt), hauptsächlich von Wüsten bedeckt und mit Baumfarnen und Nadelhölzern bewachsen.

Früher und mittlerer Jura (vor 208 bis 157 Mio. J.) Ein Superkontinent voller Flachmeere; die Witterung ist feuchtwarm, als Pflanzen kommen Baumfarne, Nadelhölzer und Palmfarne vor.

4
DINOSAURIER – NÄHER BETRACHTET

Dinosaurier sind seit mehr als 65 Millionen Jahren ausgestorben, und nur eine Handvoll Knochen ist von ihnen übriggeblieben. Durch natürliche Vorgänge (die Wissenschaftler sprechen von geologischen Prozessen) sind diese Knochen zu Fossilien versteinert. Woher wissen wir dann überhaupt soviel über Dinosaurier, beispielsweise wann und wie sie gelebt haben oder wie ihre Körper und ihr Familienleben aussahen?

Wir können natürlich unserer Phantasie freien Lauf lassen, doch echtes Verständnis gewinnen wir erst durch die Informationen, die viele Forscher für uns gesammelt haben. Denn es gibt massenhaft Hinweise, die ein sehr umfangreiches Bild der damaligen Zeit ergeben. Vor ungefähr 150 Jahren hat man die Dinosaurier zum ersten Mal als selbständige Tiergruppe anerkannt, und seitdem waren Sammler und Wissenschaftler auf der Jagd nach Dinosaurierfossilien. Die einzelnen Ergebnisse haben sie dann wie Puzzlestücke zu einem großen Bild zusammengesetzt. Manche Informationen findet man in dem Gestein, das Dinosaurierfossilien enthält, andere kann man aus Kratzern und Narben an den versteinerten Knochen ablesen. Außerdem können wir viel erfahren, wenn wir die Lebensweise heutiger Tiere beobachten und dann mit den Gewohnheiten der Dinosaurier vergleichen.

Und so entsteht langsam und Stück für Stück ein lebensechtes Bild dieser großartigen Lebewesen aus der Frühzeit unserer Erde. Die Forscher haben die inneren Organe (Herz, Lunge, Magen und Darm) der Dinosaurier rekonstruiert und ihre Knochen wieder mit Muskeln und Haut überzogen. Diese Dinosauriermodelle haben sie anschließend in künstlichen Landschaften aufgestellt, die dem damaligen Lebensraum der Tiere entsprechen.

Später Jura (vor 157 bis 146 Mio. J.)
Der Superkontinent beginnt auseinanderzubrechen; im Binnenland herrscht trockene Witterung, an den Küsten feuchtwarmes Klima.

Frühe Kreide (vor 146 bis 97 Mio. J.)
Die Erdteile wandern in größeren, teilweise zusammenhängenden Landmassen; die Pflanzenwelt ist ähnlich wie in Trias und Jura.

Späte Kreide (vor 97 bis 65 Mio. J.)
Einzelne Kontinentalgruppen haben sich getrennt, auf jedem Erdteil leben unterschiedliche Tiere; erste Blütenpflanzen entstehen.

TATSACHEN ÜBER DINOSAURIER

Die Sonne schickt ihre glühenden Strahlen auf die staubbedeckte Ebene, die in der Mitte des heutigen Asiens lag. Zwischen vereinzelten Nadelbäumen zieht eine Shunosaurus-Herde daher. Bald ist die Regenzeit vorbei, und die Tiere müssen aufbrechen, um neue Weidegründe zu finden. Am Kopf der Herde marschiert ein großes Dinosauriermännchen, das die Tiere anführt. Die jüngeren Dinosaurier trotten in der Mitte der Herde und werden auf beiden Seiten durch die ausgewachsenen Tiere beschützt. Hoch über ihren Köpfen fliegen zwei Angustinaripterus-Flugsaurier zu einem nahe gelegenen Fluß oder See. Dort gibt es zahlreiche Fische, die sie mit ihren zahnbewehrten Kiefern leicht fangen können.

▷ Mit jedem neuen Fossil, das ein Wissenschaftler findet, ergibt sich ein neues Puzzleteil, das uns hilft, ein genaueres Bild von Dinosauriern zeichnen zu können. Auf diese Weise entstand beispielsweise diese Abbildung einer wandernden Dinosaurierherde.

▽ Elefanten erinnern von ihrer Größe und ihrem Freßverhalten her am ehesten an die großen pflanzenfressenden Dinosaurier. Aber auch die übrigen Verhaltensmuster der Elefanten, beispielsweise beim Wandern, liefern uns Hinweise auf die mögliche Lebensweise der Dinosaurier.

Woher wissen wir eigentlich, wie sich diese Ereignisse abgespielt haben? Schließlich ist von Shunosaurus nicht mehr als eine Handvoll versteinerter Knochen übriggeblieben. Haben sich Dinosaurier tatsächlich so verhalten? Sah die Landschaft damals wirklich so aus? Lebten die Flugsaurier tatsächlich zur gleichen Zeit und am selben Ort wie die Shunosaurier?

In der Paläontologie tauchen derartige Fragen sehr oft auf. Unser Wissen über das Leben vergangener Welten und Zeitalter haben wir wie ein Meisterdetektiv rekonstruieren müssen. Sämtliche Tatsachen, die wir kennen, werden wie Puzzlesteine zusammengesetzt, bis sie ein vollständiges Bild ergeben. Genauso wichtig wie die Fossilien ist auch das Gestein, in dem sie gefunden werden. Denn auch die verschiedenen Gesteinstypen verraten, wie die Umwelt damals aussah. Die Fossilien, die im Gestein eingeschlossen sind, teilen uns auch mit, welche anderen Tiere und Pflanzen damals lebten. Wenn wir diese mit ähnlichen, modernen Lebewesen vergleichen, können wir vielleicht auch nachvollziehen, wie die Dinosaurier vor Urzeiten lebten und starben.

DER KÖRPERBAU EINES DINOSAURIERS

Zu Lebzeiten bestand ein Dinosaurier aus mehr als den Knochen, die wir als Fossilien in einem Museum betrachten können. Das Knochenskelett diente wie auch bei den anderen Wirbeltieren dazu, den Körper zu tragen und zu stützen. Der restliche Körper bestand aus weichem, elastischem Gewebe. Zunächst waren da die Muskeln, die an den Knochen ansetzten und sie wie Hebel bewegten, so daß

Dinosaurierhaut
Falls ein Dinosaurier rasch von Schlamm und Lehm bedeckt wurde, konnte es vorkommen, daß ein Abdruck seiner Haut im feuchten Boden zurückblieb. Als sich der Schlamm in Gestein umwandelte, blieb auch der Hautabdruck erhalten. Daher wissen wir heute, wie die Haut aussah.

Der Körper des pflanzenfressenden Hornsauriers Chasmosaurus im Schnittbild:

der Dinosaurier laufen konnte. Die Eingeweide sorgten dafür, daß die Nahrung, die das Tier gefressen hatte, verdaut wurde, und lieferten so das Rohmaterial, aus dem neue Muskeln entstehen konnten. Die Lunge nahm Sauerstoff aus der Luft auf, damit Muskeln und übrige Organe die energiereichen Stoffe verbrennen und ordnungsgemäß arbeiten konnten. Das Gehirn überwachte alle Vorgänge, die sich im Körper abspielten. Das Nervensystem arbeitete wie ein Telefonnetz, in dem das Gehirn Mitteilungen an die übrigen Körperteile schickte. Augen, Ohren und Nase nahmen wahr, was in der Umgebung des Dinosauriers passierte, und teilten dies dem Gehirn mit. Und schließlich gab es noch die Haut.

Dinosaurierkot
Im Kot eines Tieres befinden sich unverdauliche Bestandteile, die der Körper ausgeschieden hat. Gelegentlich versteinerte auch der Kot urzeitlicher Tiere. Wenn wir wissen, von welchem Tier ein Kotballen stammt, dann können wir Rückschlüsse ziehen, welche Nahrung es gefressen hat oder wie sein Verdauungsapparat funktionierte.

Dinosauriermuskeln
Beim Betrachten eines Dinosaurierknochens erkennen wir anhand von Riefen und Rillen, wo die Muskeln am Knochen ansetzten. Auf diese Weise erfahren wir, wie groß die Muskeln waren, wie sie über das Knochengerüst verteilt waren und wie die Gelenke arbeiteten. Daraus ergibt sich, wie der Dinosaurier seine Muskeln einsetzte.

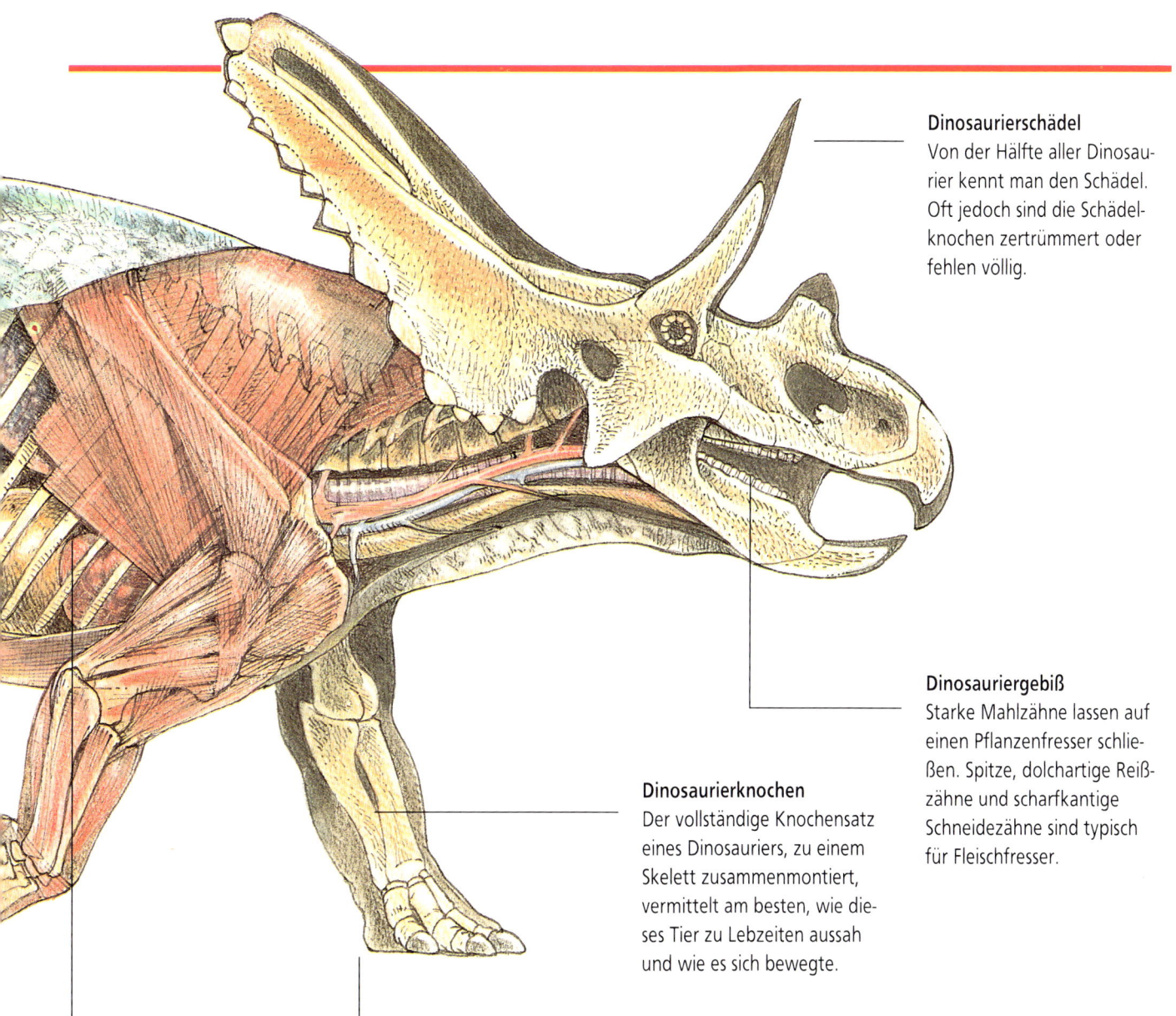

Dinosaurierschädel
Von der Hälfte aller Dinosaurier kennt man den Schädel. Oft jedoch sind die Schädelknochen zertrümmert oder fehlen völlig.

Dinosauriergebiß
Starke Mahlzähne lassen auf einen Pflanzenfresser schließen. Spitze, dolchartige Reißzähne und scharfkantige Schneidezähne sind typisch für Fleischfresser.

Dinosaurierknochen
Der vollständige Knochensatz eines Dinosauriers, zu einem Skelett zusammenmontiert, vermittelt am besten, wie dieses Tier zu Lebzeiten aussah und wie es sich bewegte.

Dinosaurierbauch
Wieviel Nahrung im Bauch eines Dinosauriers Platz hatte, können wir uns ungefähr vorstellen, wenn wir den Raum betrachten, der durch den Brustkorb und das Becken des Tieres begrenzt ist. Weil Pflanzenfresser wie der abgebildete Chasmosaurus größere Mengen fressen mußten, um sall zu werden, besaßen sie größere Mägen und Därme als die fleischfressenden Dinosaurier.

Dinosaurierfüße
Am besten kann man Umfang und Aufbau eines Dinosaurierfußes über fossile Fußabdrükke bestimmen. Eine versteinerte Schrittfolge verrät uns außerdem, wie das Tier ging, vielleicht auch, wie schnell es lief oder ob es einzeln oder in Gruppen wanderte. Jedoch kann man häufig nicht genau sagen, welcher Dinosaurier welche Spuren hinterließ.

Ein Körperbau wie bei anderen Tieren
Nach dem Tod eines Tieres verfaulten seine Weichteile ziemlich rasch. Oft wurden sie von anderen Dinosauriern gefressen. Im allgemeinen blieben nur die Knochen zurück, die später zu Fossilien wurden. Wir wissen, daß ein Dinosaurier vollständig mit allen hier genannten Weichteilen ausgestattet war, da er nicht ohne diese Körperteile auskommen konnte. Leider gibt es keinen vollständig erhaltenen Dinosaurier. Wenn wir jedoch die Überreste eines Dinosauriers genauer unter die Lupe nehmen, erkennen wir zahlreiche Hinweise, wie dieses Tier wohl ausgesehen hat.

FLEISCH- ODER PFLANZENFRESSER?

Einige Tiere fressen Pflanzen, andere ernähren sich von Fleisch – das meistens von den Pflanzenfressern stammt! Unter den zahlreichen verschiedenen Dinosaurierarten gab es sowohl Fleisch- als auch Pflanzenfresser. Sehr wahrscheinlich haben sich die Fleischfresser zuerst entwickelt, und die Pflanzenfresser sind dann aus den Fleischfressern entstanden.

Generell waren Fleischfresser zweibeinige Tiere, die auf ihren Hinterbeinen standen und umherliefen. So konnten sie sehr schnell laufen und ihre Beutetiere fangen. Sie besaßen große scharfe Zähne, und ihre Hände waren nach vorn gerichtet und konnten gut zupakken. Mit einem schweren Schwanz hielten sie

▷ Die größte heute lebende Echse, der Komodowaran, kann bis zu drei Meter lang werden. Warane sind zwar kleiner als die meisten fleischfressenden Dinosaurier; beim Betrachten ihrer gezackten, scharfkantigen Zähne, langen Krallen und großen Kiefer können wir uns jedoch ganz gut vorstellen, wie so ein Raubsaurier wohl gefressen hat.

Pflanzenfresser

Wenn du je einen zweibeinigen pflanzenfressenden Dinosaurier gesehen hättest, würdest du ihn nicht so schnell mit einem Fleischfresser verwechseln. Durch seinen riesigen Magen und die großen Därme würde er dir dickbäuchig erscheinen. Am Kopf befanden sich fleischige Wangen, um zu verhindern, daß die Pflanzenteile beim Kauen aus dem Maul fielen. Am Vorderende seiner Schnauze hatte der Dinosaurier eine Art Schnabel, mit dem er Blätter und Zweige abrupfte. Seine Zähne waren breit und oben abgeflacht, so daß er gut kauen konnte.

Zweibeiniger Pflanzenfresser

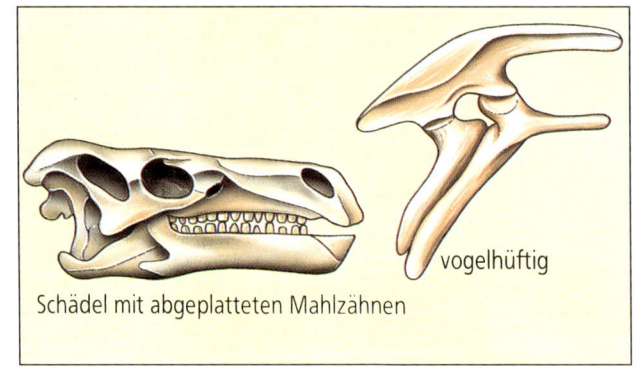

Schädel mit abgeplatteten Mahlzähnen

vogelhüftig

ihren Körper im Hüftbereich im Gleichgewicht. Pflanzenfressende Dinosaurier brauchten größere Eingeweide als die Fleischfresser, damit sie größere Mengen Nahrung verdauen konnten. Spätere Arten liefen daher auf allen vieren. Sie hatten lange Hälse, mit denen sie hochwüchsige Pflanzen erreichen konnten. So entstanden die Sauropoden, wie Apatosaurus.

Inzwischen hatte sich eine weitere Gruppe innerhalb der Pflanzenfresser entwickelt, deren gewaltige Eingeweide sich hauptsächlich zwischen den Hinterbeinen befanden. Diese Dinosaurier konnten jedoch auf zwei Beinen balancieren und umherlaufen. Zwei solcher zweibeinigen Pflanzenfresser waren Iguanodon und Parasaurolophus. Einige dieser zweibeinigen Arten ließen sich Panzer wachsen und liefen erneut auf allen vieren umher. Hierzu gehörten Stegosaurus, Triceratops und Euoplocephalus.

Zweibeiniger Fleischfresser

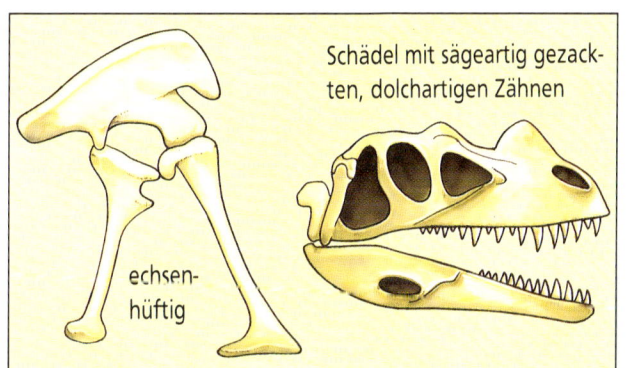

echsenhüftig

Schädel mit sägeartig gezackten, dolchartigen Zähnen

Fleischfresser
Ein räuberischer Theropode wäre hingegen – bei etwa gleicher Größe wie der gegenüber abgebildete Pflanzenfresser – viel schlanker und von leichterem Körperbau gewesen. Sein Kopf war viel größer, und sein weitgeöffnetes Maul war mit messerscharfen, mörderischen Zähnen bewehrt. Die meisten fleischfressenden Dinosaurier besaßen Hände mit weniger als fünf Fingern, während die Pflanzenfresser vier bis fünf Finger hatten.

WARMBLÜTIG ODER KALTBLÜTIG?

Die heutigen Reptilien sind Kaltblüter. Dies bedeutet nicht, daß ihr Blut dauernd unterkühlt ist, sondern daß die Körpertemperatur der Tiere genauso hoch ist wie die ihrer Umgebung. Bei heißem Wetter erwärmen sich die Tiere, bei kalter Witterung kühlen sie ab. Reptilien können ihre Temperatur jedoch regulieren, indem sie abwechselnd warme oder kühle Orte aufsuchen.

Säugetiere und Vögel hingegen sind Warmblüter. Sie können jederzeit ihre Körpertemperatur regulieren und auf einem bestimmten Niveau halten. Heißes Wetter macht ihnen meistens nicht viel aus, und auch bei Kälte sind sie nicht weniger aktiv. Diese Lebensweise verlangt sehr viel Energie, und daher braucht ein warmblütiges Tier auch zehnmal mehr Nah-

rung als ein Kaltblüter. Da Dinosaurier zu den Reptilien zählen, galten sie bisher als Kaltblüter. Ab 1970 kam einigen Wissenschaftlern der Gedanke, daß die Tiere in Wirklichkeit wohl warmblütig waren. Zur Begründung dieser Überlegung hatte man verschiedene Hinweise: die aufrechte Gangart der Dinosaurier, ähnlich wie bei Säugetieren, die großen Brustkörbe, die möglicherweise ähnliche Herzen und Lungen wie die der Säuger enthielten, und schließlich Dinosaurierkno-

⌐ Wenn ein kleiner Theropode wie Velociraptor kaltblütig gewesen wäre, hätte er eine ähnliche Haut wie eine heutige Eidechse besessen.

▽ Wäre Velociraptor Warmblüter gewesen, dann hätte er vielleicht einen Pelz oder Federn gehabt, die wichtige Voraussetzungen sind, um die Körpertemperatur steuern zu können.

chen mit kanalähnlichen Röhren, in denen das Blut genauso rasch wie bei warmblütigen Tieren zirkulieren konnte.

Andere Forscher vermuteten aber weiterhin, daß Dinosaurier kaltblütige Wesen waren. Sie konnten einfach nicht glauben, daß ein großer pflanzenfressender Sauropode genug Futter fressen konnte, um seinen Körper wie ein Warmblüter gleichmäßig warm zu halten.

Neueren Untersuchungen an Dinosaurierknochen zufolge waren Dinosaurier weder rein warmblütig noch reine Kaltblüter. Die Raubsaurier konnten möglicherweise ihre Temperatur regulieren, jedoch nicht so stark wie die heutigen Säugetiere und Vögel. Die großen Sauropoden hatten offenbar keine große Kontrolle über ihre Körpertemperatur.

Wenn ein kleiner, flink laufender Dinosaurier wie Velociraptor oder Dromiceiomimus (oben) Warmblüter gewesen wäre, hätte er lange Strecken laufen können, ohne müde zu werden. Wäre er kaltblütig gewesen, dann hätte er sich nach einer plötzlichen Anstrengung erst einmal abkühlen und ausruhen müssen, bevor er zu einem neuen Spurt ansetzen konnte. Dromiceiomimus verfolgte seine Beute mit einer Geschwindigkeit von etwa 60 Kilometern pro Stunde.

Aufheizen und Abkühlen

Ein großer pflanzenfressender Sauropode, wie beispielsweise Apatosaurus, besaß einen so massigen Körper, daß er seine Temperatur gleichmäßig hätte halten können. Hitze kann über die Hautoberfläche eines Tieres aufgenommen und wieder abgegeben werden. Auf diese Weise nimmt eine Eidechse (rechts) Wärme während eines Sonnenbades auf. Tief im Körperinneren des Dinosauriers bliebe es jedoch gleichmäßig warm. Genauso verhält es sich mit dem Wasser in einem Kessel, der sich auch noch eine Stunde nach dem Kochen warm anfühlt, während das gleiche Wasser in einer kleinen Tasse längst kalt geworden ist.

SINNESORGANE DER DINOSAURIER

▽ In der Dämmerung schnappt der Raubsaurier Troodon nach einer vorbeifliegenden Libelle. Man kann ein solches Verhalten annehmen, da beispielsweise die Größe seines Gehirns für ein rasches Reaktionsvermögen spricht, während die Stellung der Augen vermuten läßt, daß Troodon seinen Blick gezielt auf ein Beutetier richten konnte. Die großen Augenhöhlen sind also ein möglicher Hinweis darauf, daß dieser Dinosaurier wie die heutigen Eulen dämmerungsaktiv war.

Wir sehen mit den Augen, riechen mit der Nase, hören mit den Ohren, schmecken mit der Zunge und ertasten Gegenstände mit Hilfe der Nerven in den Fingerspitzen. Dies alles sind unsere Sinnesorgane, mit deren Hilfe wir uns in unserer Umwelt zurechtfinden.

Bei einigen Tieren sind manche Sinne stärker ausgeprägt, weil das einfach lebensnotwendig ist. So haben Hunde einen besseren Geruchssinn als Menschen, während wir besser als Nashörner sehen können. Da Augen, Zungen und andere Weichteile eines Körpers nicht versteinern, läßt sich nur schwer beurteilen, wie gut die Sinne eines Dinosauriers ausgeprägt waren. Die Schädel einiger Raubsaurier, wie zum Beispiel von Troodon, haben enorme Augenhöhlen; die Tiere besaßen also große Augen. Die Augenstellung läßt vermuten, daß sie beide Augen gezielt auf ihre Beute richten und daher Entfernungen leicht und genau abschätzen konnten. Bei den meisten Pflanzenfressern saßen die Augen seitlich am Kopf. Auf ähnliche Weise verrät uns die Größe eines Nasenlochs etwas über den Geruchssinn. Pflanzenfresser wie Brachiosaurus besaßen riesige Nasenlöcher und dementsprechend wahrscheinlich einen sehr guten Geruchssinn. Fleischfresser wie Tyrannosaurus hatten hingegen nur winzige Nasenlöcher.

Bestimmte Gehirnabschnitte steuern die verschiedenen Funktionen des Körpers. Wenn wir vom Inneren der Schädelhöhle eines Dinosauriers einen Abguß erstellen, können wir anhand dieses Abdrucks Vermutungen anstellen, was das Gehirn wohl zu leisten vermochte. Wenn beispielsweise der Bereich, der für den Hörsinn zuständig ist, besser entwickelt ist als der Abschnitt für das Sehvermögen, könnte man daraus folgern, daß das Tier zu Lebzeiten gut hörte und schlecht sah.

Jagdaugen

Die heutigen Raubvögel, wie die hier abgebildete Eule, besitzen Augen, die gezielt nach vorn auf ihre Beute gerichtet sind. Jedes Auge erzeugt ein einzelnes, geringfügig anderes Bild des betrachteten Gegenstandes. Diese Einzelinformationen werden im Gehirn kombiniert, und auf diese Weise »berechnet« das Tier die Entfernung zu diesem Gegenstand. Man bezeichnet dies als plastisches Sehvermögen, und viele Raubsaurier, wie beispielsweise Troodon, werden diese Fähigkeit besessen haben. Um nach allen Seiten sehen zu können, mußte auch Troodon seinen Kopf drehen.

DIE HAUT DER DINOSAURIER

Die Haut der Dinosaurier ist nicht erhalten geblieben. Ganz selten jedoch wurde ein toter Dinosaurier mit Sand oder Schlamm bedeckt, bevor seine Haut verwest war, und dann konnte später ein Abdruck der Hautoberfläche versteinern. Diese Abdrücke belegen, daß viele Dinosaurier eine Haut besaßen, die mit Schuppen bedeckt war. Diese überlappten sich nicht, wie etwa bei den Eidechsen, sondern lagen in Form winziger Hornplättchen wie Puzzlestücke nebeneinander. In die Haut einiger Dinosaurier waren auch große Hornplatten eingebettet, die oft zusammen mit dem übrigen Skelett erhalten blieben.

Obgleich der eine oder andere Hinweis über die Faserung der Haut existiert, können wir lediglich vermuten, wie sie wohl gefärbt war. Die bunten Abbildungen der Dinosaurier entspringen daher allein der Phantasie des Künstlers, der sie gezeichnet hat.

Bei der Beobachtung heutiger Tiere bemerken wir, wie die Färbung jedes einzelnen Tieres mit seinem Verhalten zusammenhängt. Raubtiere, etwa Tiger und Leoparden, haben oft ein gestreiftes oder geflecktes Fell. Tiere wie Antilopen, die im offenen Gelände leben, besitzen häufig eine sogenannte Gegenschattierung: Sie sind auf der Oberseite dunkel und

◁ Ein Pfau schlägt mit seinem farbenfrohen Schwanz ein Rad, um eine Pfauenhenne anzulocken. Da Dinosaurier bekanntlich gut sehen konnten, waren sie sehr wahrscheinlich auch in der Lage, auf derartige Lockfarben zu reagieren. Vielleicht besaßen sie ebenfalls besonders auffällig gefärbte Körperteile wie »Hahnenkämme«, Hörner oder Schwanzenden mit »Augenflecken«, um damit Signale zu übermitteln.

Schwanzkeule

Matte Farben

Harmlose Pflanzenfresser wie
dieser Bactrosaurus hatten vermutlich eine düstere Körperfärbung in Grün- und Brauntö-
nen. In ihrem Lebensraum bot
ihnen dies eine gute Tarnung,
so daß sie nicht so leicht von
Raubsauriern bemerkt wur-
den.

Bactrosaurus

Pentaceratops

auf der Unterseite hell gefärbt. Die Jungen
von Waldtieren, beispielsweise Rehkitze, haben hingegen oft ein unregelmäßig geflecktes
Fell. Dies sind unterschiedliche Möglichkeiten,
wie sich die Tiere unauffällig machen, um in ihrem Umfeld nicht gesehen zu werden – sie tar-
nen sich. Riesige Tiere, wie beispielsweise Elefanten, die weder jagen noch große Feinde
besitzen, brauchen keine Tarnung und können daher sogar grau gefärbt sein. Diese Möglichkeiten der Körperfärbung können je nach
Lebensraum auch auf die Dinosaurier zugetrof-
fen haben.

Schutzmöglichkeiten

Horndinosaurier wie Pentaceratops und Triceratops besaß-
en einen Nackenschild aus
Knochen, der am Rand durch
Hörner geschützt war. Die
Haut der Panzerechsen oder
Ankylosaurier war auf dem
Rücken mit Knochenhörnern
und runden Knochenplatten
übersät. Häufig hat man Anky-
losaurier-Skelette gefunden,
die in urzeitlichen Flußbetten
auf dem Rücken lagen und

auf diese Weise versteinerten.
Da der Hornpanzer so schwer
war, drehten sich die Tierkadaver in der Strömung um.

Knochenhörner

Runde Knochenplatten

Lederhaut

VERSTÄNDIGUNG

Tiere verständigen sich untereinander. Dabei verwenden sie je nach Lebensweise und Bedürfnissen Gesten und Laute. Manche Tiere senden sichtbare Signale aus, wie beispielsweise der Pfau, der mit dem Schwanz ein Rad schlägt, oder bestimmte Echsen, die ihre hell gefärbten Halslappen benutzen. Vermutlich konnten auch Dinosaurier all diese Verständigungsmittel einsetzen. Andere Tiere verständigen sich über Geruchssignale. Wir wissen nicht, ob sich Dinosaurier ebenfalls »über ihre Nase« verständigten.

Die wahrscheinlich beste Methode, sich über weite Strecken verständlich zu machen, sind jedoch akustische (hörbare) Signale. Wenn du einmal nachts einen Kater jaulen oder einen Wachhund bellen gehört hast, wirst du verstehen, wie gut Töne übertragen werden. Ein Wolfsrudel verständigt sich bei der Jagd mit Heultönen, so daß jeder Wolf weiß, wo der Rest des Rudels steckt. So können sie gemeinsam ihre Beute in die Falle treiben.

Ob Dinosaurier Töne von sich geben konnten, läßt sich nicht so einfach sagen. Die meisten Tierlaute entstehen mit Hilfe von Lunge, Hals, Kehlkopf und Stimmbändern. Dies sind allesamt Organe, die nicht als Fossilien erhalten bleiben. Aufgrund der Gipsabdrücke verschiedener Dinosauriergehirne könnte man jedoch vermuten, daß diese Tiere einen guten Gehörsinn hatten. Bei einigen fossilen Exemplaren des zweibeinigen Pflanzenfressers Cory-

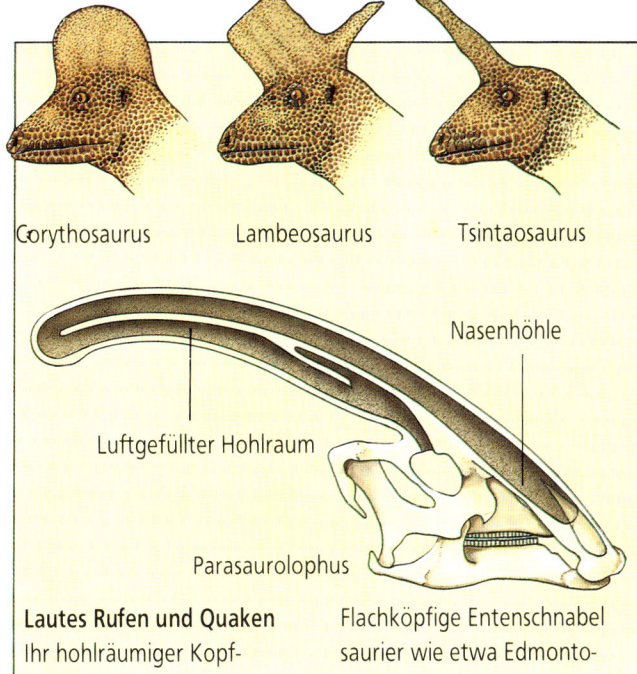

Corythosaurus   Lambeosaurus   Tsintaosaurus

Nasenhöhle

Luftgefüllter Hohlraum

Parasaurolophus

Lautes Rufen und Quaken
Ihr hohlräumiger Kopf-schmuck diente wahrschein-lich manchen Entenschnabel-sauriern als Schallkörper, so daß sie weit hörbare Laute von sich geben konnten.

Flachköpfige Entenschnabel saurier wie etwa Edmonto-saurus besaßen möglicher-weise einen aufblasbaren Hautsack, mit dem sie dann ähnlich quakten wie ein Frosch.

thosaurus hat man sogar noch die feinen Ge-hörknöchelchen im Schädel gefunden.

Corythosaurus gehörte zu einer Dinosaurier-gruppe, die wir Entenschnabelsaurier nennen. Sie alle besaßen einen seltsam geformten Kopf mit einem Schnabel, ähnlich dem einer Ente. Bei einigen Tieren war der Kopf sehr flach, und manche hatten einen auffälligen Kopfschmuck. Diese Kopfkämme wuchsen aus dem Nasenbein und enthielten zahlreiche Hohlkanäle, durch die das Tier Luft einatmete. So wie man in dem geschwungenen Körper eines Saxophons laute Musiktöne hervorruft, konnten sich die Entenschnabelsaurier vermut-lich mit Hilfe ihrer Kopfkämme untereinander über weite Strecken verständigen.

▷ Die Brüllaffen in Mittel- und Südamerika haben eine sehr laute Stimme. Mit Hilfe ihres gut entwickelten Kehlkopfs, der in in ihrem Hals sitzt, kön-nen sie so laut brüllen, daß man sie noch fast einen Kilo-meter weit im Urwald hören kann. Dinosaurier haben sich wohl auf ähnliche Art und Weise durch Heulen und Brül-len verständigt.

◁ Eine kleine Parasaurolophus-Herde weidet zusammen mit einem Brachylophosaurus, ei-nem weiteren Entenschnabel-saurier, am Ufer eines Wald-sees. Die Herde hat sich zer-streut, und einige Tiere fres-sen außer Sichtweite. Sollte sich ein großer Raubsaurier an-pirschen, dann genügt das hohe Trompeten eines einzi-gen Parasaurolophus, um die übrigen Entenschnabelsaurier zu warnen.

DINOSAURIEREIER

Da Reptilien Eier legen, nahm man lange Zeit an, daß auch Dinosaurier Eier gelegt haben. Aber erst um 1920 wurde diese Vermutung bestätigt, als eine amerikanische Forschungsgruppe in der Mongolei auf versteinerte Dinosaurier stieß, deren Nistplätze – einschließlich einiger versteinerter Eier – erhalten waren. Bei diesem Dinosaurier handelte es sich um einen kleinen Hornsaurier namens Protoceratops, der zu Lebzeiten etwa so groß wie ein Schaf war.

Die Eier waren oval, etwa sieben bis acht Zentimeter breit und knapp 15 Zentimeter lang. In den Nestern lagen jeweils bis zu 30 Eier spiralförmig zusammen, mit dem spitzen Ende nach innen gerichtet. Das eigentliche Nest bestand aus einer Sandkuhle, da Protoceratops in einer Sandwüste lebte. Wahrscheinlich legten mehrere Weibchen ihre Eier in einem gemeinsamen Nest ab.

Die Eier eines Sauropoden

Seit dieser Zeit hat man auch die Eier anderer Dinosaurier gefunden. Die größten Eier, die wir kennen, stammen von Hypselosaurus, einem pflanzenfressenden Sauropoden. Die Eier wurden nicht in einem Nest abgelegt, sondern paarweise in einer Reihe. Fast sieht es so aus, als hätte die Dinosauriermutter ihre Eier im Gehen gelegt.

Diese Eier hatten einen Durchmesser von etwa 25 Zentimetern, waren also nicht viel größer als ein Straußenei. Trotzdem wurden die ausgewachsenen Dinosaurier viel größer als ein Strauß. Tatsächlich würde ein hartschaliges Ei, wie etwa ein Vogelei, eine dickere Schale benötigen, damit es nicht von selbst zerbricht. Und für ein Dinosaurierbaby wäre es wiederum sehr schwierig geworden, eine dickere Schale beim Schlüpfen zu zerbrechen.

Das Innere eines Dinosauriereies

Dinosauriereier enthalten genau wie die Eier anderer Reptilien den Embryo und einen Dotter, von dem sich der Embryo ernährt. Das Ei ist von einer schützenden Schale umgeben. Das Dinosaurierbaby schlüpfte, wenn es so groß war, daß es im Freien leben konnte.

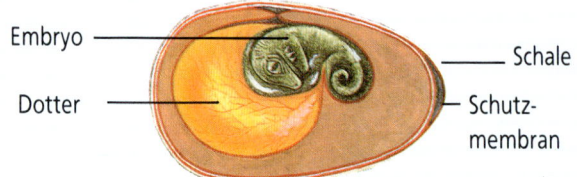

Embryo — Schale
Dotter — Schutzmembran

Dinosauriereier

△ Die heute lebenden Nilkrokodile legen ihre Eier gruppenweise an bestimmten Brutplätzen ab. Das Muttertier vergräbt seine Eier im Sand, wo sie gleichmäßig gewärmt werden, und wartet ab, bis die kleinen Krokodile geschlüpft sind. Da sehr viele Weibchen gleichzeitig an einem Brutplatz sind, werden Raubtiere abgeschreckt, die andernfalls Eier oder Junge fressen würden. Dinosaurier haben möglicherweise eine ähnliche Brutpflege betrieben.

◁ Auch während einer Ruhepause bewacht ein einzelnes Protoceratops-Weibchen seine gerade gelegten Eier. Einige Dinosaurierarten haben möglicherweise auch lebende Junge geboren.

107

DAS FAMILIENLEBEN

Erwachsene Vögel sorgen meist für ihre Nachkommen, bis diese alt genug sind, um das Nest verlassen und selbst für sich sorgen zu können. Anscheinend war dies auch bei Dinosauriern der Fall.

1978 fanden Wissenschaftler im amerikanischen Bundesstaat Montana die Reste einer vollständigen Dinosauriernistkolonie. Diese Nester wurden von Maiasauriern angelegt, die zweibeinige Pflanzenfresser waren und zu den Entenschnabelsauriern gerechnet werden. Maiasaura lebte in Herden. Jedes Nest maß etwa 1,8 Meter im Durchmesser und war 75 Zentimeter hoch. Sehr wahrscheinlich handelte es sich um einen Erdhügel, der oben eine Mulde von 75 Zentimetern Tiefe besaß. Die einzelnen Nester lagen eine Dinosaurierlänge (etwa neun Meter) auseinander. In den Nestern fand man Eier, Dinosaurierbabys und, als interessanteste Funde, junge Maiasaurier von etwa einem Meter Länge.

◁ Im Schutz einer Schicht aus Zweigen und Blättern sind die Dinosaurierjungen im Nest geschlüpft. Ein solches Maiasaura-Gelege war ein einziges Durcheinander quiekender, übereinanderpurzelnder Junge. Bei einer Körperlänge von etwa 24 Zentimetern ist ein Baby zu klein und zu schwach, um für sich selbst sorgen zu können. Möglicherweise besaß es auf seiner Nase ein kleines Horn, das im Laufe der Zeit verschwinden würde. Dieser »Legezahn« half dem jungen Dinosaurier beim Schlüpfen aus dem Ei. Während ihrer ersten Lebensmonate wurden die Jungen in den Nestern von den Alttieren gefüttert und umsorgt.

Die Zähne der jungen Dinosaurier zeigten schon Abnutzungsspuren, wie sie beim Fressen entstehen, die Knochen ihrer Gliedmaßen waren aber noch zu schwach, als daß sie selbständig auf Futtersuche hätten gehen können. Dies ist ein Beweis dafür, daß die Jungen so lange im Nest bleiben mußten, bis sie eine bestimmte Größe erreicht hatten.

Wir können uns einen solchen Nistplatz wie eine Flamingobrutkolonie vorstellen. Die Jungvögel bleiben im Nest, während die Eltern Nahrung für ihren Nachwuchs sammeln und ins Nest tragen. Da nicht alle Erwachsenen gleichzeitig Futter suchen, wird jedes hungrige Raubtier, das sich der Kolonie nähert, von wachsamen Altvögeln verscheucht.

Die Dinosaurierjungen blieben vermutlich einige Monate im Nest. Ab und zu wurden sie von einem großen Maiasaura ausgeführt, damit sie lernten, selbständig Futter zu finden.

Brutpflege bei Vögeln

Als die heutigen Verwandten der Dinosaurier haben Vögel Junge, die intensiv versorgt werden müssen. In diesem Bild siehst du, wie eine ausgewachsene Singdrossel ihre Brut füttert, die in einem Nest hockt.

Vögel bauen die unterschiedlichsten Nester: Manche sind einfache Erdlöcher oder Schlammhaufen, andere werden als Büschel oder Zweighaufen in Bäumen gebaut. Über Dinosauriernester wissen wir nicht sehr viel. Möglicherweise gibt es auch bei Dinosauriernestern verschiedene Nesttypen, die man bisher aber noch nicht gefunden hat.

GRÖSSE UND LEBENSDAUER

Dinosaurier gab es in allen Größen: sowohl kleine, hühnergroße Echsen als auch Riesentiere, die mehr als 30 Meter lang wurden. Und vermutlich fielen die Lebensweise, Größe und Lebensdauer der einzelnen Dinosaurierarten ähnlich unterschiedlich aus.

Das genaue Alter einzelner Dinosaurier zum Zeitpunkt ihres Todes läßt sich nur schwer bestimmen. Bei den Skeletten mancher Tiere entdecken wir bei näherem Hinsehen, daß sie sich zu Lebzeiten einige Knochen gebrochen hatten oder daß einige Gelenke zusammengewachsen sind. Wenn die Knochen sehr abgenutzt aussehen, stammen sie wahrscheinlich von recht alten Dinosauriern. Einige große Knochen besitzen Jahresringe, wie du sie auch bei einem Baum findest.

Dinosaurierzwerge

Der kleinste bekannte Dinosaurier war Compsognathus, ein kleiner Raubsaurier. Im ausgewachsenen Zustand war er knapp 90 Zentimeter lang, doch machen Hals und Schwanz den Großteil seiner Körperlänge aus. Mit einem Gewicht von zweieinhalb Kilogramm wog Compsognathus etwa soviel wie ein Hühnchen. Wir kennen zwar noch andere, kleinere Dinosaurierskelette, jedoch stammen sie alle von Dinosaurierbabys.

Diplodocus-Babys

Bei Untersuchungen solcher Jahresringe kam man zu der Vermutung, daß einige Sauropoden möglicherweise bis zu 100 Jahre alt geworden sind. Kaltblütige Tiere leben länger als Warmblüter; wenn diese Dinosaurier reine Kaltblüter waren, hätten sie vielleicht ein Alter von 200 Jahren und mehr erreichen können. Sehr schwierig ist es auch, anhand fossiler Knochen zu erkennen, wie schnell ein Dinosaurier gewachsen ist. Die Untersuchungen der Maiasaura-Nester in Montana lassen die Vermutung zu, daß diese Ornithopoden beim Schlüpfen etwa 30 Zentimeter groß waren. Nach einem Jahr Brutpflege durch ihre Eltern hatten sie bereits eine Körperlänge von viereinhalb Metern und konnten das Nest verlassen.

Dinosaurierbabys

Das kleinste Dinosaurierskelett, das je gefunden wurde, war nicht größer als eine Amsel und wurde Mussaurus (»Mausechse«) getauft. Das Skelett besaß keinen Schwanz mehr und war nur 20 Zentimeter lang. Weil sein Kopf, seine Augen und Füße im Verhältnis zum übrigen Körper viel zu groß waren, stammte es mit ziemlicher Sicherheit von einem ganz jungen Dinosaurier. Diese Körperteile sind nämlich bei einem Dinosaurierbaby am besten entwickelt. Ausgewachsen mochte dieses Tier vielleicht drei Meter lang sein.

Wieviel fraß ein Dinosaurier?

Falls Apatosaurus ein Kaltblüter war, hätte er täglich 180 Kilogramm Futter vertilgen müssen, um seinen Körper mit Energie zu versorgen. Ein warmblütiger Apatosaurus hätte sogar noch mehr fressen müssen, nämlich etwa 540 Kilogramm – also einen großen Heuhaufen am Tag!

Das Gehirn eines Dinosauriers

Bei einer Körperlänge von 18 Metern besaß Apatosaurus nur einen Schädel von der Größe eines Pferdekopfes und ein Gehirn, das nicht größer als das einer Katze war. Manche Wissenschaftler vermuten, Apatosaurus habe noch ein »Nebenhirn«, also sozusagen ein zweites Gehirn, besessen, das in der Wirbelsäule in Höhe des Beckens lag.

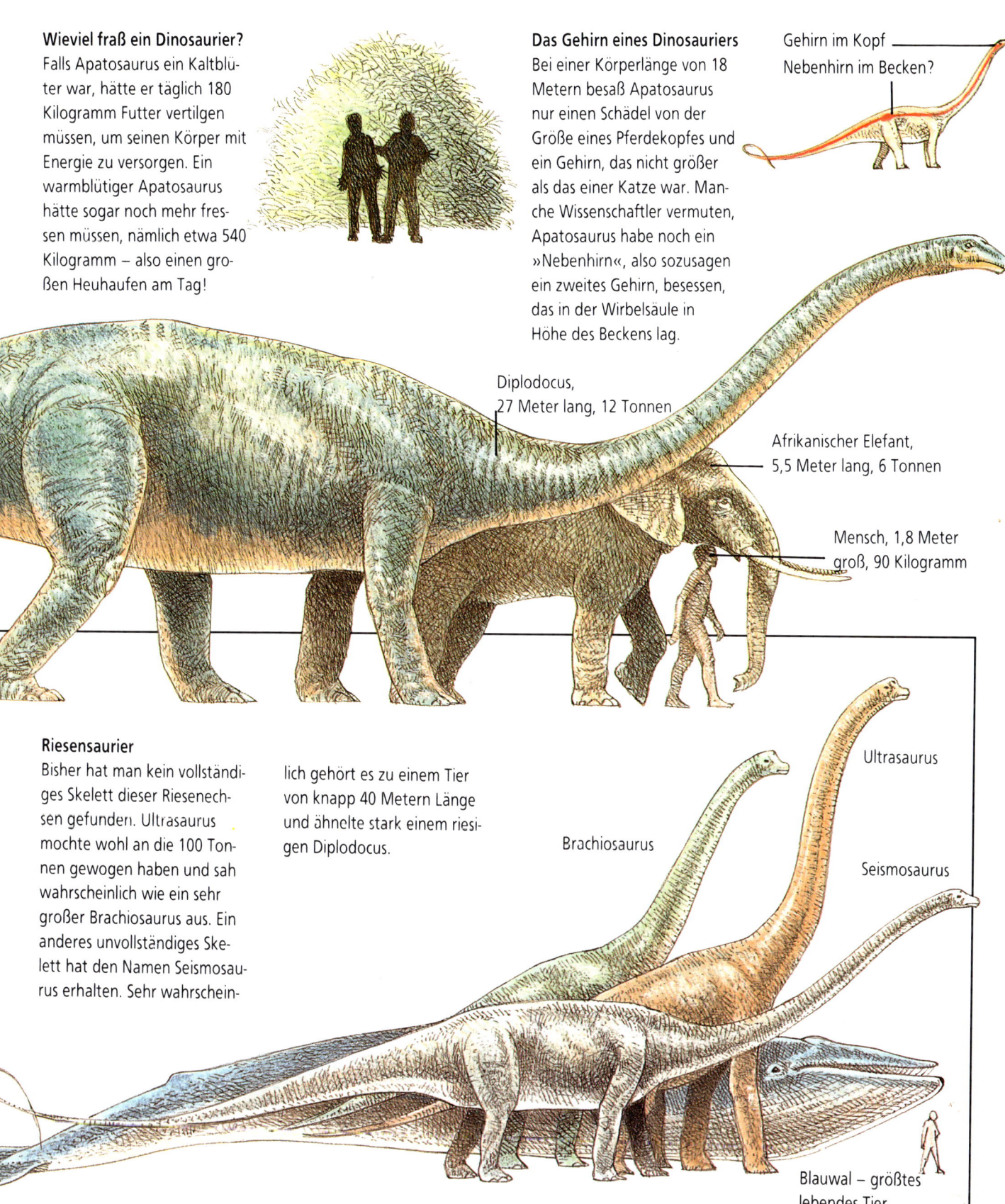

Gehirn im Kopf
Nebenhirn im Becken?

Diplodocus,
27 Meter lang, 12 Tonnen

Afrikanischer Elefant,
5,5 Meter lang, 6 Tonnen

Mensch, 1,8 Meter
groß, 90 Kilogramm

Riesensaurier

Bisher hat man kein vollständiges Skelett dieser Riesenechsen gefunden. Ultrasaurus mochte wohl an die 100 Tonnen gewogen haben und sah wahrscheinlich wie ein sehr großer Brachiosaurus aus. Ein anderes unvollständiges Skelett hat den Namen Seismosaurus erhalten. Sehr wahrscheinlich gehört es zu einem Tier von knapp 40 Metern Länge und ähnelte stark einem riesigen Diplodocus.

Brachiosaurus

Ultrasaurus

Seismosaurus

Blauwal – größtes
lebendes Tier

LEBEN IN EINER GRUPPE

Das gemeinsame Leben in einer Gruppe bietet viele Vorteile, und zwar in erster Linie eine höhere Sicherheit. Wenn pflanzenfressende Tiere eine große Gruppe bilden, ist es mit Zunahme der Gruppenstärke wahrscheinlicher, daß sich ein Raubtier einen Angriff zweimal überlegen wird. Außerdem ist bei einem tatsächlichen Angriff die Überlebenschance des Einzeltiers größer. Möglicherweise haben Dinosaurier aus diesem Grund auf ihren Wanderschaften Herden gebildet.

Offenbar lebten auch die Sauropoden in Herden. In Texas hat man einen versteinerten Wanderpfad dieser Dinosaurier gefunden, auf dem die Spuren der kleineren und jüngeren Tiere in der Mitte der Herde verlaufen, während die großen Alttiere auf beiden Seiten daherzogen. Jeder Angreifer, der ein Dinosaurierjunges fressen wollte, mußte erst einmal versuchen, an diesem lebenden Schutzwall vorbeizugelangen. Möglicherweise lebten auch die Hornsaurier in Herden. Da man ihre Fossilien oft in größerer Anzahl an einem Ort findet, könnte man dies durchaus vermuten.

Aber auch manche der mittelgroßen Raubsaurier schlossen sich zu Kleingruppen zusammen. Der etwa wolfgroße Deinonychus jagte wahrscheinlich in Rudeln. In Montana wurden beispielsweise mehrere Deinonychus-Skelette im selben Gestein gefunden wie die Knochen des zweibeinigen Pflanzenfressers Tenontosaurus. Möglicherweise schlugen sich die Raubsaurier gerade am Kadaver dieses Pflanzenfressers den Bauch voll, als sie plötzlich gemeinsam – vielleicht während eines Unwetters – den Tod fanden.

▷ Auf einer sonnigen Lichtung äst eine kleine Styracosaurier-Herde friedlich im Farngestrüpp. Diese Idylle wird abrupt durch einen großen Albertosaurus gestört, der laut fauchend durch das Unterholz bricht und eines der Jungtiere reißen will. Während der Raubsaurier angreift, schließt sich die Herde zu einem Kreis zusammen. Dabei weisen die spitzen Hörner der erwachsenen Dinosaurier nach außen und bilden so einen Schutzwall für ihre Jungen.

Das Leben in einer Herde
Im heutigen Grönland und in Nordkanada leben Moschusochsen gemeinsam in einer Herde. Oft drängen sie sich eng zusammen, um sich gegenseitig zu wärmen oder zu schützen. Wenn die Herde von einem Wolfsrudel angegriffen wird, bilden die Tiere einen Kreis, in dessen Mitte sich die Kühe und Kälber aufhalten, die leichter verwundbar sind. Häufig ziehen die Angreifer entmutigt ab und suchen sich eine leichtere Beute.

DINOSAURIER AUF DER WANDERSCHAFT

Lange Zeit waren nur zwei fossile Schädel des Hornsauriers Pachyrhinosaurus bekannt. 1985 wurden jedoch in der kanadischen Provinz Alberta weitere Skelette dieser Dinosaurierart entdeckt – insgesamt mehr als tausend! In diesem »Massengrab« fand man die Knochenreste winziger Babys, größerer Jungtiere und vollständig ausgewachsener Tiere.

Normalerweise hätte aber ein einziges Gebiet niemals eine so große Anzahl Tiere ernähren können. Sehr wahrscheinlich befand sich die Herde auf der Wanderung von einem Weidegrund zum nächsten. Bei der Überquerung eines Flusses wurden die Tiere von einem plötzlichen Hochwasser überrascht und sind darin ertrunken.

Auch heute können sich solche Tragödien abspielen, wenn beispielsweise eine große Herde Gnus oder Karibus einen Fluß überqueren muß. Viele Tiere werden von der Strömung weggerissen oder ertrinken. So kamen 1984 4000 Karibus ums Leben, als sie versuchten, einen Hochwasser führenden Fluß in der kanadischen Provinz Quebec zu überqueren.

Wanderungen bei einer Klimaveränderung

Das Pachyrhinosaurus-Massengrab entstand in der späten Kreide. Damals brachen die Erdteile auseinander und trieben voneinander weg. Jeder Kontinent hatte nun Sommer und Winter, Dürreperioden und Regenzeiten. Die Dinosaurierherden mußten jetzt zu bestimmten Jahreszeiten andere Gebiete aufsuchen. Ein weiteres Fundgebiet aus dieser Zeit wurde im amerikanischen Bundesstaat Texas entdeckt. Es enthält zahlreiche Fußspuren von Sauropoden, die nach Süden weisen. Manche Wissenschaftler deuten dies als einen Beweis dafür, daß Dinosaurier Wanderungen unternahmen.

Versteinerte Dinosaurierspuren

Aus der gesamten Dinosaurierzeit sind Fußspuren von Dinosaurierherden gefunden worden. Häufig zeigen die Fußabdrücke allesamt in eine Richtung, so als ob die Herde aus einem bestimmten Grund dorthin ziehen wollte – beispielsweise, um neue Weidegründe zu finden oder vor einer kühleren Witterung zu fliehen.

△ Ungeachtet der drohenden Gefahr zieht eine kleine Pachyrhinosaurier-Herde während eines Regenschauers durch ein trockenes Flußbett. Innerhalb kurzer Zeit kann der Sturzregen eine Flutwelle hervorrufen, die sich durch das Flußbett talabwärts ergießen und die Tiere ertränken wird.

▷ Zu Beginn der Trockenzeit begeben sich heutzutage riesige Gnuherden im ostafrikanischen Tansania auf die Wanderschaft, um neue Weidegründe zu finden. Viele Gnus ertrinken beim Überqueren eines Flusses oder sterben an Verletzungen, die sie sich zugezogen haben.

DAS ENDE DER DINOSAURIER

Die genauen Ursachen für das Aussterben der Dinosaurier sind unbekannt. Wir wissen lediglich, daß die Dinosaurier nach etwa 160 Millionen Jahren erfolgreicher Herrschaft über die Erde plötzlich vor 65 Millionen Jahren verschwunden sind und nie wieder auftauchten.

Ihr Aussterben kann sehr rasch vonstatten gegangen sein, aber es kann auch ein paar Millionen Jahre gedauert haben. Aus den Gesteinen, die sich in dieser Zeit gebildet haben, können wir nur sehr schwer etwas ablesen. Zum Verschwinden der Dinosaurier sind verschiedene Erklärungen denkbar. So wird beispielsweise häufig behauptet, die Erde sei damals von einem gewaltigen Kometen getrof-

Aufprall eines Kometen
Beim Einschlag eines Kometen mit neun Kilometer Durchmesser wäre ein Stück Erdkruste verdampft, und eine riesige Wolke wäre in die Atmosphäre aufgestiegen.

Plötzliche Kälteeinbrüche
Einige Forscher meinen, daß sich das Wetter gegen Ende des Erdmittelalters weltweit abkühlte. Infolge dieser Klimaänderung hatten die Dinosaurier plötzlich nur noch Nachkommen eines einzigen Geschlechts (also nur Männchen oder nur Weibchen). Dies kann auch bei Krokodilen und Schildkröten vorkommen. Daher konnten sich die Dinosaurier nicht mehr fortpflanzen und waren bereits nach ein bis zwei Generationen ausgestorben.

Veränderungen der Meere
Gegen Ende der Kreide zogen sich Meere und Ozeane viel stärker zurück als in vorherigen Zeiten. Dies führte ebenfalls zu einer Klimaveränderung, wobei die Lufttemperatur um mehrere Grade zunahm. Möglicherweise kam der Organismus der Dinosaurier dann nicht mehr mit dieser Hitze zurecht, und die Tiere starben.

fen worden. Dies habe dann tiefgreifende Klimaveränderungen hervorgerufen und die Dinosaurier schließlich sterben lassen. Der Einschlag eines Kometen hätte gewaltige Wolken aus Asche und Staub in die Atmosphäre geschleudert, und die wärmenden Sonnenstrahlen wären monatelang von dieser Schicht abgefangen worden. Pflanzen wären nach und nach eingegangen. Nach einer etwas weniger dramatischen Theorie hatten sich das Klima und der Pflanzenwuchs langsam, aber stetig verändert, weil sich die Kontinente verschoben hatten. Die Entwicklung der Dinosaurier verlief jedoch nicht so schnell und konnte sich diesen Veränderungen nicht anpassen.

Plötzliche Aufheizung der Erde

In der Nähe des heutigen Mittelamerikas gibt es einen Krater, der beim Aufprall eines gewaltigen Kometen vor 65 Millionen Jahren entstanden sein soll. Dabei entstand eine gewaltige Wolke, die das gesamte Sonnenlicht abschirmte und unseren Planeten kühler werden ließ. Nachdem Staub und Asche zu Boden gesunken waren, entwickelte der übriggebliebene Dampf in der Atmosphäre einen gewaltigen »Treibhauseffekt«, der die Erde aufheizte.

Das Erbe der Dinosaurier

Bei jenen Ereignissen vor 65 Millionen Jahren, deren Ursachen wir wohl nie genau erfahren werden, starben außer den Dinosauriern auch zahlreiche andere Tiergruppen aus. Einige Säugetiere und Vögel überlebten jedoch, und ihre Nachfahren konnten den Platz der großen Echsen übernehmen. Recht bald wimmelte es auf der Erde wieder von neuen Lebewesen, und an die Dinosaurier erinnern nur noch ihre Fossilien.

Das Zeitalter der Dinosaurier

Die ersten Dinosaurier erschienen vor 225 Millionen Jahren in einer Periode, die von den Wissenschaftlern späte Trias genannt wird. In der nächsten Periode, dem Jura, erreichten sie den Höhepunkt ihrer Entwicklung und verschwanden dann vor etwa 65 Millionen Jahren gegen Ende der Kreidezeit. Wie in dieser »Zeitleiste« zu erkennen ist, veränderten sich während dieser gewaltigen Zeitspanne auch die Erdoberfläche, das Klima und die Pflanzenwelt immer wieder.

Trias (vor 245 bis 208 Mio. J.)
Eine einzige gewaltige Landmasse (auch Superkontinent genannt), hauptsächlich von Wüsten bedeckt und mit Baumfarnen und Nadelhölzern bewachsen.

Früher und mittlerer Jura (vor 208 bis 157 Mio. J.) Ein Superkontinent voller Flachmeere; die Witterung ist feuchtwarm, als Pflanzen kommen Baumfarne, Nadelhölzer und Palmfarne vor.

5
AUF DER SUCHE NACH FOSSILIEN

Als man die ersten Dinosaurierknochen fand, wußte niemand eine Erklärung für diese Versteinerungen. Die Menschen glaubten, daß dies die Gebeine von Riesen waren, die während der großen Sintflut ertrunken waren, weil sie keinen Platz in der Arche Noah gefunden hatten. Erst im 19. Jahrhundert begannen die Menschen, die Fossilien wissenschaftlich zu untersuchen. Sie stellten fest, daß es sich um die Überreste riesiger Reptilien handelte, die vor Jahrmillionen auf der Erde lebten, als es noch keine Menschen gab. Zuerst hatte man die Dinosaurier einfach nur für gewaltige Eidechsen gehalten. Als später immer mehr Dinosaurierfossilien gefunden wurden, wurde nach und nach klar, um welche Lebewesen es sich hier tatsächlich handelte.

Heute sind unsere Kenntnisse über Dinosau-rier so umfassend, daß wir meinen, wir wüßten schon alles über diese Riesentiere oder über andere urzeitliche Lebewesen. Doch in jedem Jahr werden neue Entdeckungen gemacht und immer mehr Informationen gesammelt. Hieraus entwickelten Forscher neue Ideen und Theorien über das Leben in der Vorzeit. Daher ist die Paläontologie (also die Lehre, die sich mit dem Studium von Fossilien beschäftigt) eine besonders spannende Wissenschaft, weil wir immer wieder unsere Ansichten neu durchdenken und unser Wissen erweitern müssen. Unsere Kenntnisse der Vergangenheit nehmen stetig zu, während wir uns gleichzeitig in die Zukunft bewegen. Und obwohl die Dinosaurier schon lange tot sind, ist das heutige Bild von diesen Tieren immer noch voller Lücken.

Später Jura (vor 157 bis 146 Mio. J.)
Der Superkontinent beginnt auseinander zubrechen; im Binnenland herrscht trockene Witterung, an den Küsten feuchtwarmes Klima.

Frühe Kreide (vor 146 bis 97 Mio. J.)
Die Erdteile wandern in größeren, teilweise zusammenhängenden Landmassen; die Pflanzenwelt ist ähnlich wie in Trias und Jura.

Späte Kreide (vor 97 bis 65 Mio. J.)
Einzelne Kontinentalgruppen haben sich getrennt, auf jedem Erdteil leben unterschiedliche Tiere; erste Blütenpflanzen entstehen.

EIN URZEITLICHES UNGLÜCK

Vor gut 140 Millionen Jahren bedeckte ein gewaltiger See große Teile Nordwesteuropas. An seinem Nordufer zogen sich riesige Bergketten entlang, die vom heutigen Wales über Südengland bis nach Belgien reichten. Den Ärmelkanal gab es damals noch nicht. Große Ströme bahnten sich ihren Weg durch die Felsgebirge und schnitten steile Böschungen in die Hänge aus Sandstein, Kalkstein und Kohle, die 200 Millionen Jahre früher entstanden waren. Die Ströme flossen südwärts, dem See entgegen, und verzweigten sich an seinem Rand zu riesigen fächerförmigen Deltamündungen. Bergketten, Schluchten und Flußmündungen waren mit dichten Nadelwäldern bewachsen. Unter den Bäumen wucherten Farne und Palmfarne und bildeten ein dichtes Unterholz, während am Seeufer Schachtelhalme wuchsen.

Ornithopoden wie das Iguanodon oder sein kleinerer, flinker Verwandter Hypsilophodon durchzogen herdenweise den Rand des Sees und die angrenzenden Sumpfgebiete. Im flachen Gewässer machte der große Baryonyx Jagd auf Fische.

Eine der vielen Flußtäler dieser Gebirgsket-te bildete eine gewaltige Bodensenke. Häufig kam es nun vor, daß diese Senke bei plötzlichen Gewittern und Wolkenbrüchen innerhalb von Minuten überschwemmt wurde. Bei einem solchen Wolkenbruch wurde ein Iguanodon beim Überqueren des Flusses von den Wassermassen erfaßt; es ertrank, und sein Kadaver wurde in die Senke geschwemmt. Später wurden weitere Iguanodons angetrieben, und schließlich lagen an dieser Stelle so viele tote Iguanodons, daß die Senke zu einem richtigen Dinosaurierfriedhof wurde.

▷ Vor den Augen seiner Artgenossen wird ein Iguanodon bei einem Wolkenbruch von dem plötzlich entstandenen Hochwasser mitgerissen. Sein toter Körper wird später in einer Bodensenke abgelagert. Dies ist der erste Abschnitt des Versteinerungsprozesses. Auf diese Weise entstehen die Fossilien der Dinosaurier, die wir heute – viele Millionen Jahre später – wieder auffinden.

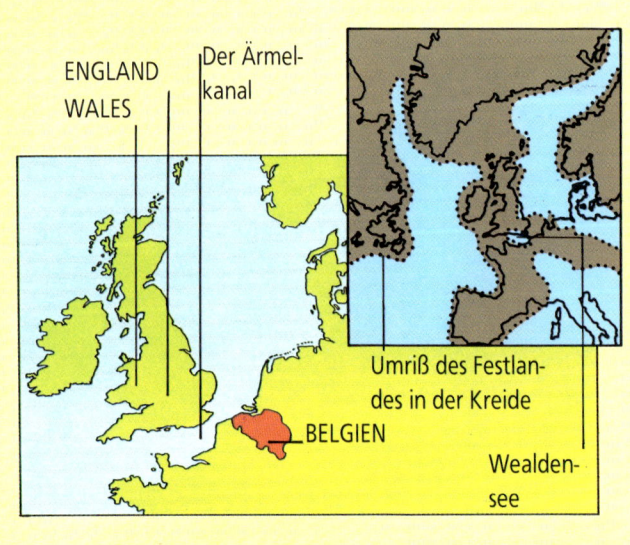

Wo liegt dieser Dinosaurierfriedhof?
Während der ersten Hälfte der Kreidezeit waren die nördlichen Teile Nordamerikas mit Europa verbunden. Wie du auf der Karte siehst, erstreckte sich ein großer flacher See, der Wealden, über den Norden Europas, in dessen dicht bewaldeten Uferzonen viele Dinosaurier – wie beispielsweise das Iguanodon – lebten.

ENGLAND
WALES

Der Ärmelkanal

BELGIEN

Umriß des Festlandes in der Kreide

Wealdensee

WIE EIN FOSSIL ENTSTEHT

In den folgenden Wochen verfaulten die Weichteile der toten Iguanodons, also Haut, Muskeln, Herz, Magen oder Lunge, nicht jedoch die harten Körperteile, also die Knochen. Sie blieben unverändert und bildeten teilweise sogar noch vollständige Skelette, da der Fluß sie frühzeitig mit Schlamm und Sand bedeckt hatte.

Während der nächsten Jahrtausende veränderte sich die Landschaft. Der Fluß fraß sich tiefer in das Gebirge, das von Wind, Regen und Eis abgetragen wurde. Am Grunde der Schlucht schichteten sich immer mehr Ablagerungen übereinander, so daß der Fluß seichter wurde und keine neuen Tierkadaver heranschwemmen konnte. Die Sand- und Schlammschichten, die das Iguanodon begraben hatten, bildeten sich allmählich unter dem Druck der aufgelagerten Erdschichten zu Gestein um. Zusammen mit dem Grundwasser, das durch Erdspalten hinabsickerte, gelangten Mineralien wie Quarz und Eisenpyrit in die Hohlräume im Innern der Knochen. (Quarz macht

den Hauptbestandteil des Sandes aus, und Eisenpyrit ist eine bestimmte Eisenerzform.) Dieser Austausch von organischem Material und Mineralien wird als Versteinerung bezeichnet. Auf diese Weise können die Formen der Knochen ewig erhalten bleiben.

Bei einigen Dinosauriern zersetzten sich die Knochen auch dann noch, als die Ablagerungen, unter denen sie begraben lagen, längst zu Fels geworden waren. Dort blieben dann Hohlräume im Gestein zurück, die sozusagen einen Abdruck des Knochens zeigten. Wenn sich diese Hohlräume mit weiteren Mineralien füllten, dann bildeten sich Mineralklumpen, die Prägekerne oder Steinkerne genannt werden.

\` Die Knochen und Skelette mehrerer Iguanodons wurden vom Fluß in eine Senke geschwemmt, und dieser Dinosaurierfriedhof kam erst Jahrmillionen später wieder zum Vorschein.

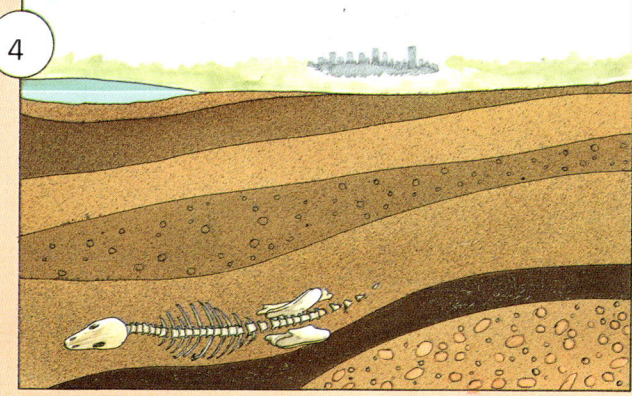

Wie ein Dinosaurier versteinert

Ein totes Iguanodon wird in einem Flußbett abgelagert (1). Der Körper wird unter Sand und Schlamm begraben, die der Fluß mit sich führt, und die Weichteile zersetzen sich (2). Nach und nach entstehen weitere Ablagerungsschichten über dem Skelett. Der Druck, mit dem die Erdoberfläche auf den Knochen lastet, wird immer größer, und aus den lockeren Sandschichten werden feste Felsplatten. Dabei füllen sich die Knochen mit Mineralien (3). Das Skelett liegt jetzt tief unter der Erdoberfläche und ist völlig vom Gestein eingeschlossen (4). Der gesamte Versteinerungsprozeß (die sogenannte Fossilisation) dauert mehrere Millionen Jahre. Wenn eine Sedimentschicht fast nur aus fossilen Knochen besteht, dann sprechen die Wissenschaftler von einer Knochenbreccie.

DIE LANDSCHAFT VERÄNDERT SICH

Gut 140 Millionen Jahre ist es her, als die toten Iguanodons unter dem Sediment begraben wurden. Die felsige Bergkette, in deren Schluchten auch der Iguanodon-Friedhof liegt, verwitterte und versank schließlich in einem Meer, das eine Zeitlang die Gegend bedeckte. Die Kontinente wanderten immer weiter, und Afrika schob sich langsam gegen Europa vor. Durch diese Bewegung hob sich im Norden Europas das Festland, und das Flachmeer trocknete wieder aus. Überall grünten Wälder, aber als sich das Klima veränderte, entstanden hier weite Steppen und Grasebenen. Etwa in den letzten zwei Millionen Jahren bildete sich dann die Landschaft, wie wir sie heute kennen.

Inzwischen hatte sich auch die Tierwelt verändert. Die Dinosaurier waren ausgestorben und durch Säugetiere ersetzt worden.

Vor etwa 250 000 Jahren breiteten sich die

Erste Funde und frühe Fossilienjäger
Diese alte Zeichnung zeigt zwei Männer, die um 1822 in einer Kalkgrube, die in der englischen Grafschaft Cambridgeshire liegt, nach Fossilien graben. Nachdem man Fossilien von Megalosaurus, Iguanodon und anderen Tieren gefunden hatte, erkannten die Wissenschaftler allmählich, daß vor Urzeiten eine Gruppe riesiger Reptilien die Erde bevölkerte. 1842 verlieh der englische Forscher Sir Richard Owen dieser Gruppe den Namen Dinosauria, was »schreckliche Echsen« bedeutet.

ersten Menschen in dieser Gegend aus. Als sie begannen, ihre Umgebung genauer zu erforschen, versuchten sie, die Natur zu verstehen. Sie wollten wissen, wie die Felsen entstanden waren und wie die Schalen und Knochen von längst ausgestorbenen Tieren versteinerten, oder im Felsen eingebettet wurden.

Zu Beginn des 19. Jahrhunderts wurden die ersten Dinosaurierknochen in Südengland gefunden. Zunächst wurde der gewaltige Raubsaurier Megalosaurus (zu deutsch »große Echse«) als richtiger Dinosaurier erkannt. 1824 gab der Engländer William Buckland aus der Universität Oxford dem Megalosaurus seinen Namen. Bei der Bestimmung des Tieres verließ sich der Forscher lediglich auf einen fossilen Kieferknochen und einige Zähne. Als zweiter Dinosaurier wurde 1825 das Iguanodon ebenfalls in England gefunden.

◁ Das Bergwerk der belgischen Kleinstadt Bernissart um 1870. In diesem Querschnitt sind ein Förderschacht und einige Stollengänge zu erkennen. Sie wurden von den Arbeitern untertage in den Fels gehauen, um an die Kohleflöze zu gelangen und dort die Kohle abzubauen. An einigen Stellen erkennst du auch Iguanodon-Skelette, Knochen und andere Fossilien, die in den Erdschichten liegen.

◁ Der englische Landarzt Gideon Mantell fand 1825 die ersten Iguanodon-Fossilien in Südengland. Er nannte das Tier Iguanodon, was soviel wie »Leguanzahn« bedeutet, da die fossilen Zähne seiner Meinung nach wie die Zähne eines Leguans aussahen. Mantell fertigte die links abgebildete Zeichnung eines vollständigen Iguanodons anhand der gefundenen Fossilien an.

DIE ENTDECKUNG DER DINOSAURIER

Im 19. Jahrhundert begeisterte die Arbeit des Fossiliensammlers William Buckland, der sich mit dem Megalosaurus beschäftigt hatte, und des Arztes Gideon Mantell, der das Iguanodon untersuchte, viele Menschen in Europa. Häufig wurden diese beiden Dinosaurier in den naturgeschichtlichen Büchern der damaligen Zeit als Riesenechsen abgebildet. Fossile Seereptilien wie die langhalsigen Plesiosaurier und die fischförmig gebauten Ichthyosaurier waren alle seit einigen Jahren bekannt.

1851 fand im Londoner Hyde Park die Weltausstellung statt, auf der die damaligen Staaten ihre Industriegüter zeigten. Die größte Ausstellungshalle war der Kristallpalast, ein riesiger Pavillon aus Stahl, Glas und Holz. Als die Ausstellung vorbei war, wurde der Pavillon auseinandergenommen und in einem Park in Sydenham, einem südlich gelegenen Stadtteil Londons, wieder aufgebaut.

Der erste »Dinosaurierpark«
Diese Dinosaurierstatuen aus Zement stehen im Londoner Crystal Palace Park. Sie wurden 1854 unter Anleitung des englischen Forschers Sir Richard Owen geformt. Wie wir heute wissen, sahen die Tiere natürlich nicht so aus. Damals wußte man aber nur wenig über Dinosaurier, so daß diese Modelle eigentlich verhältnismäßig gute Nachbildungen sind.

Zwei Bergleute entdecken in einem Kohleflöz merkwürdige Gebilde.

Neue Fossilien, neue Erklärungen

Hier wurden nun Dinosaurier und andere urzeitliche Tiere als lebensgroße Modelle aufgestellt, so, wie man sich damals diese Tiere vorstellte. Der Kristallpalast wurde zwar 1936 durch ein Großfeuer völlig zerstört, die wunderschönen Dinosauriermodelle stehen aber heute noch dort.

Die Vorstellung, Dinosaurier seien riesige Eidechsen, jedoch so groß wie Elefanten gewesen, hielt sich noch einige Jahre. Dann wurden 1858 Teile eines Dinosaurierskeletts in New Jersey (USA) gefunden. Der Anatomieprofessor Joseph Leidy untersuchte das Skelett und nannte es Hadrosaurus (»dicke Echse«). Dieser Saurier ähnelte stark einem Iguanodon, jedoch zeigten seine Knochen, daß er zu Lebzeiten wie ein Känguruh aufrecht auf seinen großen Hinterbeinen stand.

1868 baute der Bildhauer Benjamin Water-

house Hawkins das Hadrosaurierskelett für Professor Leidy zusammen. Es wurde in der Akademie für Naturwissenschaften in Philadelphia (USA) aufgestellt und war das erste rekonstruierte Dinosaurierskelett, das jemals ausgestellt wurde.

1878 trieben Bergleute im belgischen Bernissart einen Stollen durch ein Kohleflöz, als dieses plötzlich nachgab. Anstelle von Kohle fanden die Männer Tonschichten, die sehr seltsame Gesteinstrümmer enthielten. So wurde der Iguanodon-Friedhof gefunden.

△ Die Rekonstruktion eines Iguanodons, das 1917 auf der britischen Kanalinsel Wight gefunden wurde. Dieses Skelett gehort zu den vollständigsten Dinosaurierskeletten, die gefunden wurden.

EIN RÄTSEL WIRD GELÖST

Der Arzt des Bergwerks im belgischen Bernissart untersuchte die merkwürdig aussehenden Gesteinsbrocken, die ihm die Arbeiter aus der Zeche mitgebracht hatten. Er stellte fest, daß es sich um versteinerte Knochen handelte. Die Bergarbeiter hatten sich durch das Gestein der ehemaligen Bergkette gegraben und waren dabei auf die versteinerte Senke mit Ablagerungen und Iguanodon-Skeletten aus der Kreidezeit gestoßen. Zunächst wurde der Kohleabbau eingestellt. Mehrere Forscher vom Königlichen Museum für Naturgeschichte in Brüssel reisten an und begannen, die Skelette auszugraben. Innerhalb von drei Jahren wurden 39 Iguanodon-Skelette ans Tageslicht geholt. Sie waren größtenteils vollständig erhalten, im Gegensatz zu jenen Skeletten aus England, die Mantell und andere Forscher in früheren Jahren gefunden hatten.

Im Zusammenhang mit den Dinosaurierfunden von Bernissart ist Louis Dollo vom Brüsseler Museum für Naturgeschichte als der wohl berühmteste Wissenschaftler zu nennen. Im Jahr 1882 begann Dollo mit der Untersuchung und Rekonstruktion der Skelette. In einer ehemaligen Kapelle in Brüssel stellte er zusammen mit seiner Arbeitsgruppe elf der am besten erhaltenen Skelette in lebensechter Haltung auf. Für diese Arbeit brauchte Dollo insgesamt 30 Jahre. Seiner Auffassung nach ging das Iguanodon vermutlich auf seinen Hinterbeinen – also anders als die heutigen Leguane. Der damalige belgische König Leopold II. besuchte die Ausstellung und meinte, mit seinem kleinen Kopf

▷So lagen die versteinerten Iguanodons ursprünglich im Fels.

und langen Hals sehe das Iguanodon wie eine Giraffe aus. Jedenfalls konnte man aufgrund der gefundenen Skelette davon ausgehen, daß die Tiere zu Lebzeiten nicht wie die »Elefantenechsen« aussahen, die Mantell gezeichnet hatte. Dollo stellte außerdem zwei Iguanodon-Typen fest, die unterschiedlich groß waren. Als Erklärung nahm er an, es müsse sich entweder um zwei verschiedene Arten oder aber um die unterschiedlich großen Männchen und Weibchen der gleichen Art handeln. Heute vermutet man, daß der erste Gedanke richtig war: Es waren mehrere Iguanodon-Arten.

▽Nachdem die Skelette in Brüssel angekommen waren, zeichnete der belgische Forscher G. Lavalette diese Skizze eines Iguanodons in der Lage, in der es gefunden wurde.

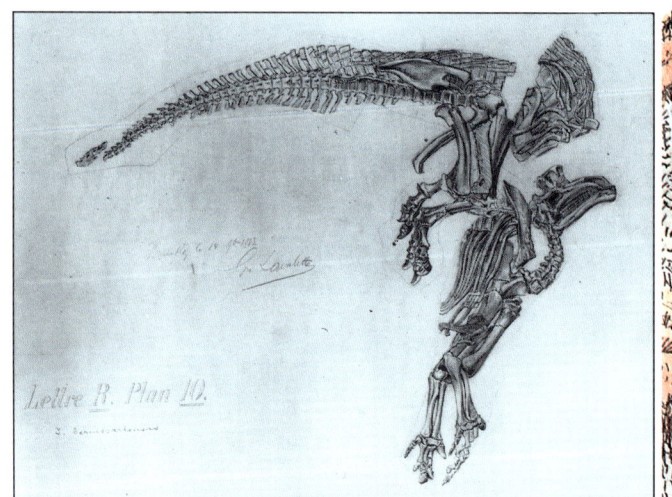

▽ Die vollständigen Iguanodon-Skelette waren so groß,
daß man sie nicht in einem einzigen Stück transportieren
konnte. Daher wurden sie von
den Bergleuten in Blöcke ge-
teilt, die dann von den Wissenschaftlern numeriert, nach
Brüssel gebracht und dort in
einer Werkstatt wieder richtig
zusammengesetzt wurden.

△ Auf diesem alten Gemälde
siehst du, wie das erste Iguanodon in der Sankt-Georgs-Ka-
pelle in Brüssel zusammengebaut wird. Obgleich das Skelett noch nicht ganz vollständig ist, kann man seinen kleinen Kopf, den riesigen
Schwanz und die ungefähre
Gestalt seiner Glicdmaßen gut
erkennen. (Das Gemälde entstand nach einem Foto von L.
Becker aus dem Jahre 1889.)

DINOSAURIERFIEBER

Während das Iguanodon in Europa weiter untersucht wurde, richtete sich die Aufmerksamkeit vieler Fossilienjäger auf Nordamerika, denn dort hatte man zahlreiche Dinosaurier gefunden. 1877 fanden zwei Schullehrer einige große Knochen unweit des Ortes Morrison am Fuße der Rocky Mountains. Einer der beiden Männer, Arthur Lakes, schrieb einen Brief an Othniel Charles Marsh, der damals Professor für Paläontologie in Yale war, und bat ihn um Hilfe. Da Marsh nicht sogleich antwortete, sandte Lakes einen ähnlich lautenden Brief an den wohlhabenden Wissenschaftler und Fossiliensammler Edward Drinker Cope aus Philadelphia.

Damit begann ein regelrechter »Familienkrieg« um die Knochen, da sich Cope und Marsh von Anfang an nicht ausstehen konnten. Als Marsh feststellte, daß sein Rivale bereits in Morrison waren, schickte er eine eigene Grabungsmannschaft los, die neue Dinosaurierknochen finden sollte. Beide Forscher erkannten bald, daß die sogenannte Morrison-Formation ein wahres Fossilienparadies darstellte. Sowohl Cope wie auch Marsh heuerten bewaffnete Männer an, die über die jeweils anderen Gruppen herfallen und ihre Fossilfunde stehlen sollten.

Während dieser »Dinosaurierfehde« wurden sicherlich viele Fossilien zerstört. Allerdings hatte das Duell zwischen Marsh und Cope auch seine guten Seiten. Da beide Wissenschaftler ihre Funde so schnell wie möglich in ein Museum schaffen wollten, entwickelten sie eine Methode, wie man die Knochen bergen konnte, ohne sie zu beschädigen. Jeder Knochen wurde nur zur Hälfte freigelegt und anschließend mit Gips bedeckt. Das Ganze wurde in Blöcke zerteilt, in deren Inneren sich die Knochenteile befanden. Später wurde der Knochen in einem Labor, wo man leichter arbeiten konnte, von seinem Gesteinsmantel befreit. Diese Technik verwendet man auch heute noch. Gegen Ende des 19. Jahrhunderts waren schon sehr viele neue Dinosaurier entdeckt worden. Marsh hatte unter anderem den Stegosaurus und den Allosaurus gefunden, während Cope den Camarasaurus und den Coelophysis entdeckt hatte.

Berühmte Fossilienjäger
Edward Drinker Cope und Othniel Charles Marsh bezahlten alle Dinosaurierexpeditionen aus der eigenen Tasche. Später kamen auch andere wohlhabende Geschäftsleute, wie beispielsweise der Amerikaner Andrew Carnegie, finanziell dafür auf, daß neue Dinosaurier ausgegraben, untersucht und im Museum ausgestellt wurden. Zu Ehren Carnegies erhielt ein Dinosaurier den Namen Diplodocus carnegii.

Edward Cope

Othniel Marsh

Andrew
Carnegie

△ Mit Werkzeug und Waffen
stellen sich Marsh (hintere Reihe, Mitte) und seine Leute auf
diesem Bild der Kamera (oben).

△ Arthur Lakes sammelte nicht
nur Fossilien, sondern konnte
überdies gut malen, so auch
dieses Bild von zwei Fossilienjä-
gern.

SAURIERFUNDSTÄTTEN

Wissenschaftliche Entdeckungen
Dinosaurierskelette werden häufig von Mitgliedern einer wissenschaftlichen Expedition entdeckt. Diese kennen oft das Alter oder die Zusammensetzung einer Gesteinsschicht, in der diese Fossilien vorkommen.

In der Wüste
Trockene Wüstenwinde tragen die Oberfläche der Felsen ab. Auf diese Weise gelangen die fossilen Fußabdrücke eines Dinosauriers allmählich ans Tageslicht.

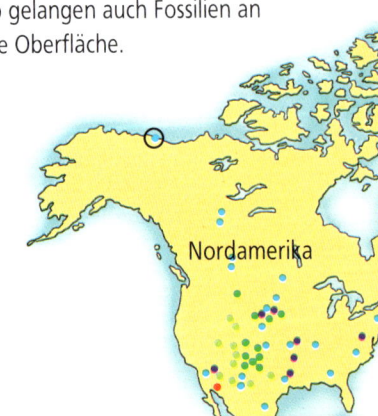

Am Flußbett
Ein Fluß, der sich in einen Hügel frißt, legt nach und nach die einzelnen Gesteinsschichten frei, die den Hügel bilden. So gelangen auch Fossilien an die Oberfläche.

Seit Cope und Marsh hat man in allen Erdteilen nach Dinosauriern gesucht. Zu Beginn des 20. Jahrhunderts wurden viele Funde in Kanada gemacht, vor allem in der Provinz Alberta. Die Skelette, die damals gefunden wurden, stehen heute in den Museen von New York, Ottawa und Toronto.

Dann wurde Afrika das Zentrum neuer Entdeckungen. Zwischen 1909 und 1929 fanden deutsche und englische Forschergruppen im heutigen Tansania Dinosaurier, die den Fossilien aus der Morrison-Formation ähnlich sahen. In den zwanziger Jahren entdeckten amerikanische Forscher mehrere fossile Dinosaurier in der Mongolei, unter anderem auch die ersten Dinosauriereier. Zwischen 1979 und 1990 wurden aufsehenerregende Funde in der Mongolei, in China und in Südamerika gemacht. Die jüngsten Entdeckungen stammen aus den USA, Kanada, England, Grönland, Australien und der Antarktis.

Dinosaurierfunde weltweit
Auf allen Erdteilen hat man bisher Reste von Dinosauriern gefunden.

- Fossilien aus der Trias
- Fossilien aus dem frühen und mittleren Jura
- Fossilien aus dem späten Jura
- Fossilien aus der frühen Kreide
- Fossilien aus der späten Kreide

Nordamerika

Südamerika

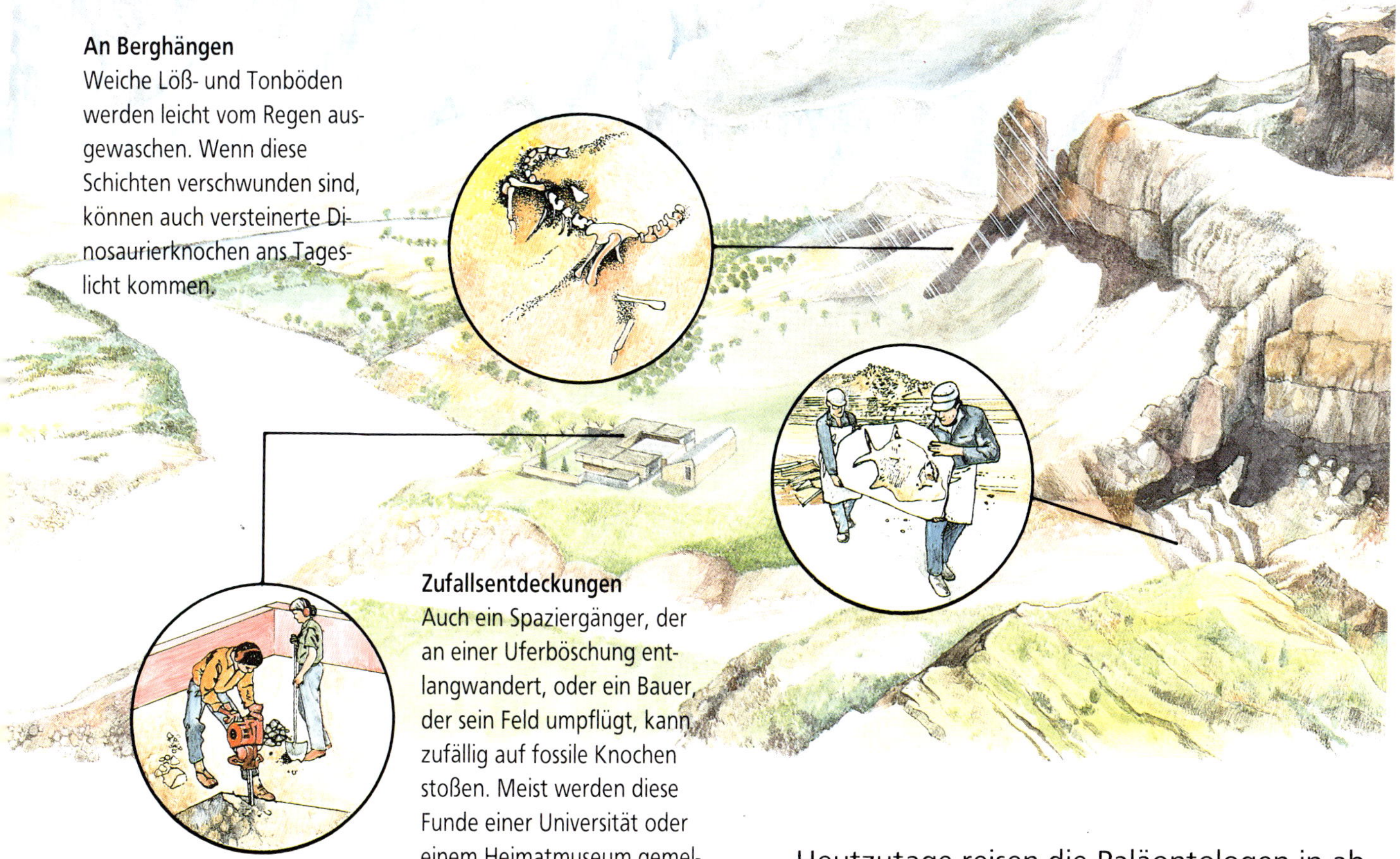

An Berghängen
Weiche Löß- und Tonböden werden leicht vom Regen ausgewaschen. Wenn diese Schichten verschwunden sind, können auch versteinerte Dinosaurierknochen ans Tageslicht kommen.

Zufallsentdeckungen
Auch ein Spaziergänger, der an einer Uferböschung entlangwandert, oder ein Bauer, der sein Feld umpflügt, kann zufällig auf fossile Knochen stoßen. Meist werden diese Funde einer Universität oder einem Heimatmuseum gemeldet. Von dort werden dann Fachleute geschickt.

Europa

Asien

Afrika

Australien

Antarktis

Heutzutage reisen die Paläontologen in abgelegene Gebiete, wo man oft auf Dinosaurierknochen stößt. Aber immer noch kann eine »Dinosaurierjagd« genauso spannend sein wie früher. Die Reise ist meist sehr teuer (50 000 DM und mehr). Daher versuchen die Forscher oft jahrelang, die öffentlichen Behörden und Universitätsverwaltungen dazu zu bewegen, ihre Expedition mit Geld zu unterstützen.

Auch die politischen Verhältnisse können ein Problem darstellen. Häufig liegen die Grabungsstätten in Entwicklungsländern, in denen Bürgerkriege oder Unruhen herrschen. Bewohner solcher Länder sind manchmal sehr argwöhnisch, wenn plötzlich Fremde auf ihrem Gebiet im Boden graben. 1977 verbrachten beispielsweise die Mitglieder einer internationalen Grabungsexpedition das Weihnachtsfest in einem nigerianischen Gefängnis, weil man ihnen nicht glaubte, daß sie bloß Fossilien ausgraben wollten.

DIE AUSGRABUNGEN

Sobald ein Dinosaurierskelett entdeckt wird, reist eine Gruppe erfahrener Fossilienkundler an den Fundort. Die Fachleute versuchen nun festzustellen, um welchen Dinosaurier es sich handelt und wie man die Knochen am besten bergen kann. Meistens sieht man zunächst nur einen Teil des Skeletts. Vielleicht hat ein Spaziergänger das Bruchstück eines Fußknochens am Rande einer Böschung gefunden und seine Entdeckung einem Museum gemeldet. Von dort wird bald ein Fachmann kommen, der das umliegende Gelände näher untersucht. Dabei stellt er fest, daß der Knochen aus dem Felshang über der Böschung herausgefallen sein muß und der restliche Dinosaurier also noch in diesem Hang begraben liegt.

Das Skelett wird freigelegt

Mit Hilfe eines kleinen Baggers oder Bulldozers beseitigen die Forscher die Felsen, die über der Schicht mit dem Dinosaurier liegen. Sobald sie nahe genug an das Skelett herangekommen sind, entfernen sie die Baumaschinen von der Fundstelle und räumen das restliche Geröll vorsichtig von Hand beiseite. Schon während der Grabungen werden die einzelnen Teile des Skeletts abgemessen, gezeichnet und fotografiert. Falls die Knochen von festem Gestein eingeschlossen sind, wird die ganze Felsplatte in große Blöcke zerteilt und auf Lastwagen ins Museum gebracht. Wenn das Skelett jedoch nur in weichem Tonboden liegt, dann tragen die Forscher den Boden

▽ Obwohl fossile Knochen aus Mineralien bestehen und schon etliche Millionen Jahre überdauert haben, sind sie sehr zerbrechlich. Als Schutzmaßnahme werden sie mit Kunstharz ausgegossen oder – wie du hier siehst – mit Gips oder Fiberglas bedeckt, bevor man sie ins Museum bringt.

◁ Sobald ein Dinosaurierskelett freigelegt ist, muß es so schnell wie möglich abgedeckt werden. Diese Hülle schützt das Skelett vor Regen, der beispielsweise Mineralien aus den fossilen Knochen lösen kann.

von Hand ab. Die freigelegten Knochen werden mit nassem Papier und dann mit gipsgetränktem Stoff umwickelt. Erst wenn die Oberfläche des Knochens vollständig bedeckt ist, wird der restliche Ton unter dem Knochen weggekratzt. Anschließend wird er umgedreht und auf die gleiche Weise behandelt. Die eingepackten Fossilien können nun sicher ins Museum gebracht werden.

Die Knochen werden gesäubert

Die Paläontologen untersuchen aber nicht nur die Knochen, sondern auch winzige Fossilien und Strukturen aus dem umliegenden Gestein, um möglichst viele Einzelheiten über die Landschaft zu erfahren, in der dieser Dinosaurier gelebt hat. Im Museum entfernen technische Angestellte, die Präparatoren, behutsam die Schutzhülle aus Gips oder den Felsblock, der den Knochen umgibt. Dabei verwenden sie Zahnarztbohrer, für die Feinarbeit nehmen sie Zahnsonden und sogar Näh- oder Stecknadeln. Manchmal muß der Präparator zu einem chemischen Mittel greifen, um die Steinhülle aufzulösen, oder er benutzt ein Ultraschallgerät, um die Knochen von den Felsteilchen zu reinigen.

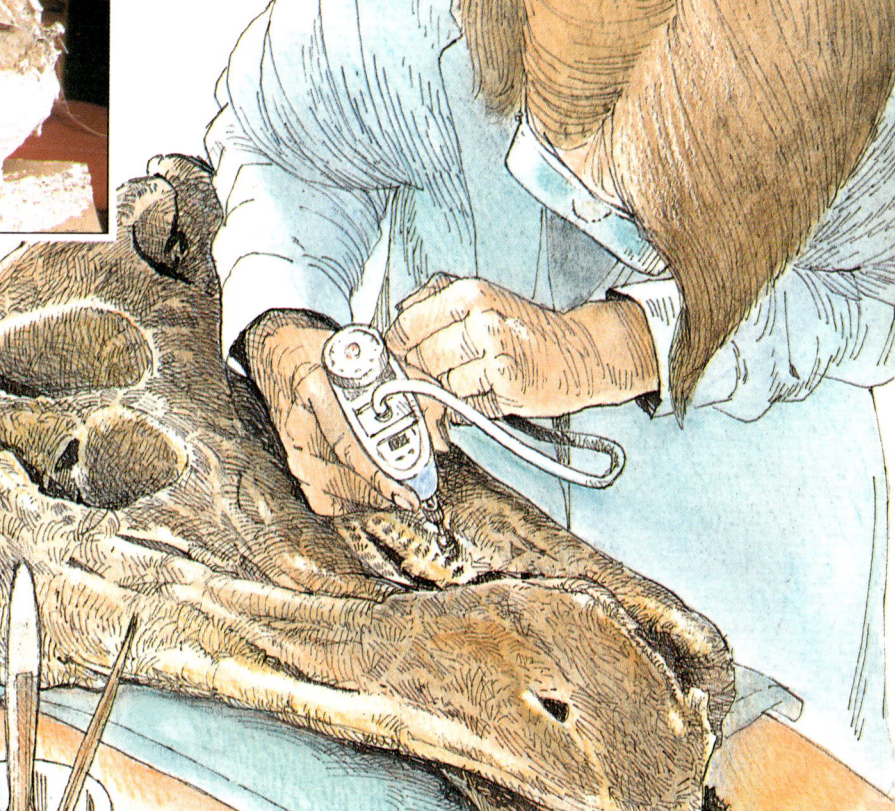

△ ▷ In der Museumswerkstatt werden die Schutzhülle und sämtliche anhaftenden Felsteilchen vom Knochen entfernt. Diese Arbeit kann Jahre dauern, vor allem dann, wenn man versucht, das überflüssige Gestein mit Säure wegzuätzen. Die Säure wird mit einem Pinsel oder einer Tropfpipette (ähnlich wie bei Nasentropfen) auf den Stein aufgetragen. Für die Präparation eines Fossils braucht man viel Zeit und Erfahrung.

DIE KNOCHEN EINES DINOSAURIERS

Wenn man ein Dinosaurierskelett freigelegt und fast vollständig zusammengesetzt hat, kann das Museum entscheiden, ob es ausgestellt oder im Labor genauer untersucht werden soll. (Komplette Skelette sind sehr selten.)

Zuerst müssen die Wissenschaftler jedoch genau wissen, wie das lebendige Tier wohl ausgesehen hat: Wie waren die Knochen miteinander verbunden? Wie bewegten sich die Gelenke? Ging der Dinosaurier auf zwei oder vier Beinen?

Beim Bau eines Dinosauriermodells geht man eigentlich genauso vor wie beim Bau eines Wolkenkratzers. Zunächst wird ein Stahlgerüst zusammengebaut, das das Skelett tragen soll. Wenn die Gefahr besteht, daß die Knochen zu fein sind und beim Bau zerbrechen, dann wird eine Kopie des Skeletts angefertigt und statt dessen ausgestellt. Hierfür

△ Gelegentlich liegen die Dinosaurierknochen – wie bei diesem versteinerten Iguanodon – kreuz und quer durcheinander. In solchen Fällen müssen die Forscher Knochen für Knochen wie bei einem Puzzlespiel wieder zusammensetzen.

wird zunächst von jedem einzelnen Knochen ein Abdruck angefertigt und anschließend aus dieser Gußform ein Abguß hergestellt. Diese Abgüsse haben nun die Form der ursprünglichen Knochen und können als Skelett montiert werden. Die Skelettkopie wird später in einer lebensechten Pose aufgestellt.

Die Abgüsse können, wie bei Carnegies Diplodocus-Skelett, aus Gips sein. Heutzutage verwenden die Paläontologen lieber leichteres Material, etwa Fiberglas. Ein zwölf Meter hohes Tyrannosaurus-Skelett ist beispielsweise so leicht, daß es auf einem Bein stehen kann.

Schwanz eines Deinonychus mit ineinandergreifenden Knochenspangen

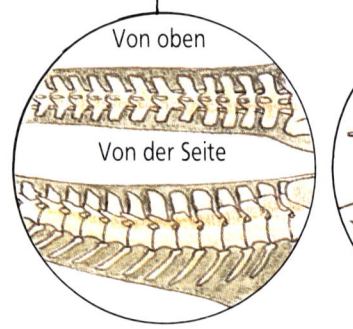

Von oben

Von der Seite

Knochenspangen

Schwanzbewegungen
Der Schwanz eines Allosaurus war lang und schmal. Vermutlich konnte er seinen Schwanz leichter seitlich hin und her als aufwärts und abwärts schwingen.

Starr oder biegsam?
Neben den Schwanzwirbeln mancher Dinosaurier saßen sehr lange Knochenspangen, die den Schwanz starrer machten. Für den Allosaurus galt dies jedoch nicht.

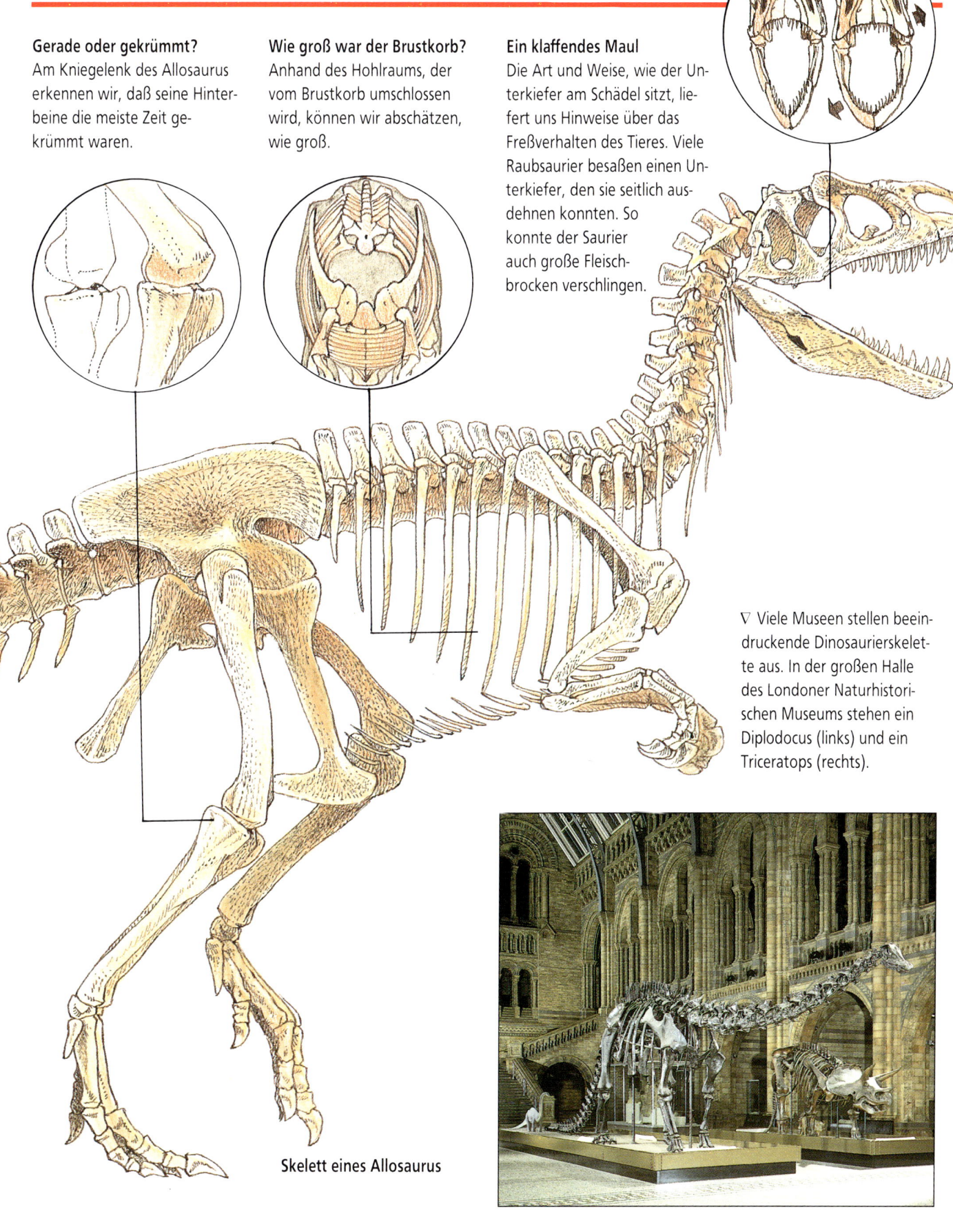

Gerade oder gekrümmt?
Am Kniegelenk des Allosaurus erkennen wir, daß seine Hinterbeine die meiste Zeit gekrümmt waren.

Wie groß war der Brustkorb?
Anhand des Hohlraums, der vom Brustkorb umschlossen wird, können wir abschätzen, wie groß.

Ein klaffendes Maul
Die Art und Weise, wie der Unterkiefer am Schädel sitzt, liefert uns Hinweise über das Freßverhalten des Tieres. Viele Raubsaurier besaßen einen Unterkiefer, den sie seitlich ausdehnen konnten. So konnte der Saurier auch große Fleischbrocken verschlingen.

▽ Viele Museen stellen beeindruckende Dinosaurierskelette aus. In der großen Halle des Londoner Naturhistorischen Museums stehen ein Diplodocus (links) und ein Triceratops (rechts).

Skelett eines Allosaurus

DIE MUSKELN EINES DINOSAURIERS

Bei der Rekonstruktion des Dinosauriers ist ein Skelett nur die erste Etappe. Schließlich war es bloß das tragende Gerüst eines lebendigen Tieres. Der übrige Körper, der aus weichen Teilen bestand, versteinerte jedoch nicht. Die Aufgabe eines Paläontologen besteht also darin, möglichst viele Indizien und Fossilreste zu finden, um das Tier mit deren Hilfe wieder zusammenzubauen.

Zunächst wird das nackte Knochengerüst mit Muskeln versehen. Bei einem lebendigen Dinosaurier waren die Muskeln über Sehnen und Bänder mit den Knochen verbunden. An den Ansatzstellen am Knochen hinterließen

diese Sehnen oft ihre Spuren. Im nächsten Schritt geht es um Bewegungsabläufe und um die Bauweise des Sauriers. Der Wissenschaftler muß nun nachvollziehen, welche Kräfte der Dinosaurier benötigte, um seine verschiedenen Körperteile zu bewegen. Außerdem sollte er wissen, welche Knochen als Hebel und Angelpunkte dienten. Auf diese Weise kann er schließlich eine Anordnung der Muskeln entwerfen, so daß ein sinnvoller Bewegungsapparat entsteht.

Ein »muskelbepackter« Dinosaurier liefert schon einen ersten Eindruck, wie das Tier insgesamt aussah. Zur vollständigen Rekonstruk-

↳Um ein lebensechtes Dinosauriermodell herzustellen, braucht man nicht ein bereits montiertes Skelett, sondern muß über andere Organe, Lebensgewohnheiten und Verhaltensweise des Tieres Bescheid wissen.

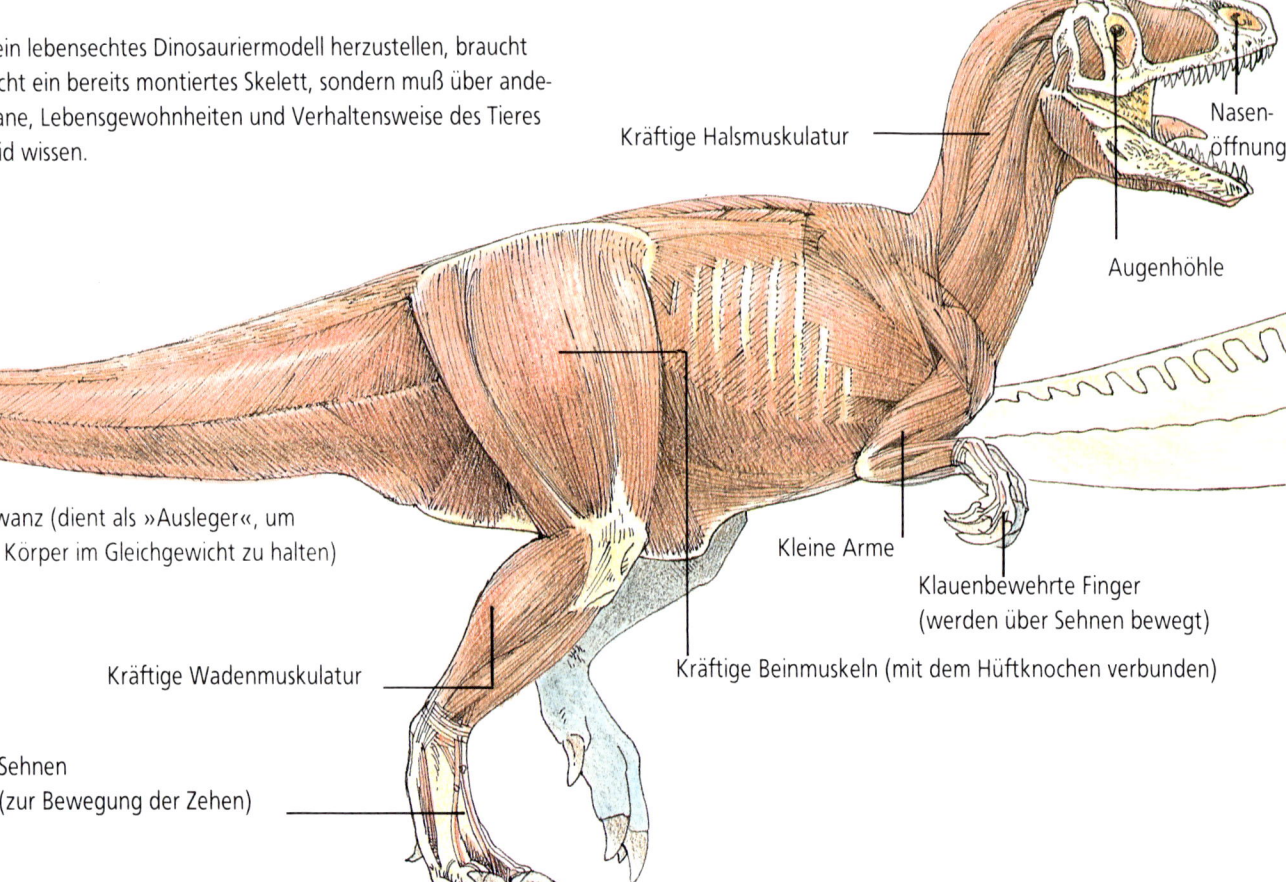

Kräftige Halsmuskulatur

Nasenöffnungen

Augenhöhle

Schwanz (dient als »Ausleger«, um den Körper im Gleichgewicht zu halten)

Kleine Arme

Klauenbewehrte Finger (werden über Sehnen bewegt)

Kräftige Wadenmuskulatur

Kräftige Beinmuskeln (mit dem Hüftknochen verbunden)

Sehnen (zur Bewegung der Zehen)

Muskulatur

Bei einem so gewaltigen Zweibeiner wie dem Allosaurus war die Beinmuskulatur zwangsläufig stark entwickelt. Andererseits waren die Muskeln, die seine kleinen »Ärmchen« bewegten, weniger kräftig, und auch die Muskulatur der Schwanzwirbel war wohl

recht schwach. Leider sind keine Dinosauriermuskeln als Fossilien erhalten geblieben. Für jede Bewegung oder Arbeit, die ein Muskel ausführen kann, lassen sich jedoch die erforderlichen Größen berechnen. Dann kann man die Muskeln rekonstruieren.

tion fehlt allerdings noch die Anordnung der Organe und Körperteile, die tief unter der Haut liegen. Hierzu müssen wir Lebensweise und Verhalten des Dinosauriers kennen. Manche Forscher meinen beispielsweise, Dinosaurier seien Warmblüter gewesen, andere halten sie hingegen für kaltblütige Tiere. Warmblüter brauchen grundsätzlich viel mehr Energie. Deshalb müßten bei einem großen warmblütigen Dinosaurier Herz und Lunge mindestens so groß wie bei einem Elefanten gewesen sein. Bei einem rein kaltblütigen Tier hätten wir womöglich nur kleine Lungenflügel gefunden, wie bei einem Krokodil.

▷ (Foto oben rechts) Die versteinerten Wirbelknochen und über Kreuz liegenden Knochenspangen eines Tyrannosaurus.

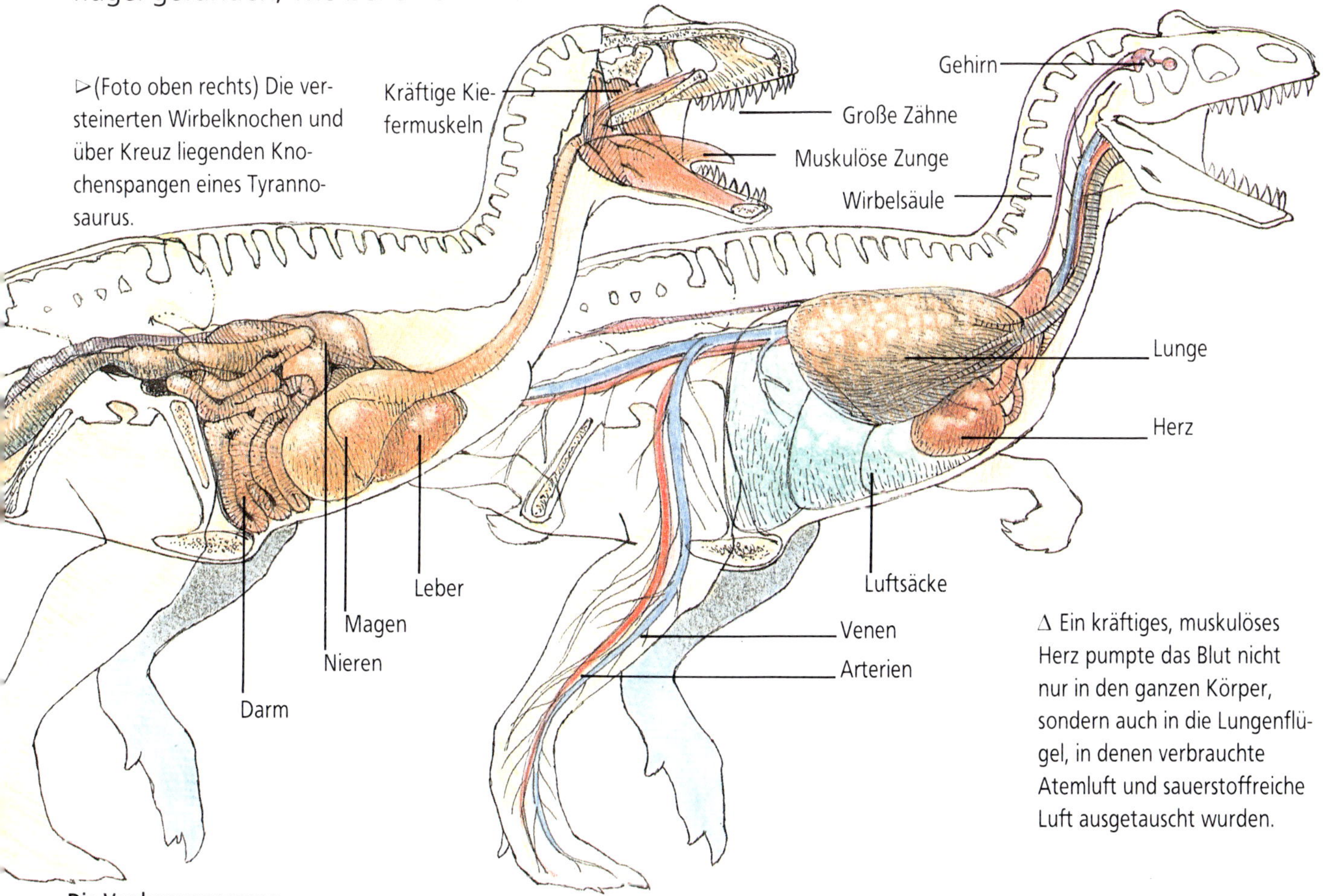

Kräftige Kiefermuskeln

Gehirn

Große Zähne

Muskulöse Zunge

Wirbelsäule

Lunge

Herz

Leber

Magen

Nieren

Darm

Luftsäcke

Venen

Arterien

△ Ein kräftiges, muskulöses Herz pumpte das Blut nicht nur in den ganzen Körper, sondern auch in die Lungenflügel, in denen verbrauchte Atemluft und sauerstoffreiche Luft ausgetauscht wurden.

Die Verdauungsorgane

Die Verdauungsorgane (wie beispielsweise Magen und Darm) eines großen Raubsauriers waren sehr wahrscheinlich viel kleiner als die gewaltigen Eingeweide eines großen Pflanzenfressers, der Unmengen an Pflanzen fressen mußte, um satt zu werden. Ähnlich verhält es sich bei heute lebenden Tieren: So ist der Magen eines Bernhardiners, der Fleischfresser ist, im Verhältnis viel kleiner als der einer Ziege, die sich von Pflanzen ernährt. Diese Vergleiche sind für die Rekonstruktion eines Sauriers sehr wichtig.

DER FERTIGE DINOSAURIER

Bei den meisten Dinosauriern wissen wir nicht einmal, wie die Haut ausgesehen hat. Von wenigen Tieren sind Hautabdrücke erhalten geblieben. Diese Spuren entstanden, als die Haut in besonders weichen Boden gepreßt wurde. Sie kamen vielleicht zustande, als ein totes Tier sehr schnell vom Sediment bedeckt wurde. In einem anderen Fall blieben Hautabdrücke erhalten, weil die Haut eines verdursteten Dinosauriers austrocknete und daher schon »haltbar« gemacht worden war, bevor der Kadaver ganz vom Wüstensand begraben wurde. Im Verlauf der kommenden Millionen Jahre versteinerten diese Abdrücke.

Schwieriger ist dann schon die Entscheidung über die Hautfarbe, denn die ist nun überhaupt nicht durch Fossilien belegt. Da einige Dinosaurier vermutlich gut sehen konnten, waren sie sicherlich in der Lage, Farben zu er-

Hautfarbe und Tarnung
Vorlage für die Streifen auf diesem rekonstruierten Allosaurus war die Zeichnung eines Tigerfells. Tiere mit ähnlicher Lebensweise haben wahrscheinlich auch eine ähnlich gefärbte Haut.

kennen. Deshalb können wir vermuten, daß eine Färbung der Haut im Leben dieser Tiere schon eine Rolle spielte. Die großen, auffälligen Stirnkämme und der flügelförmige Rückenschmuck mancher Saurier waren wahrscheinlich grell gefärbt und dienten den Tieren wohl zur gegenseitigen Verständigung. Raubsaurier hatten möglicherweise eine gestreifte oder gefleckte Haut, um sich ungesehen an ihre Beute anschleichen zu können. Die Pflanzenfresser werden sicherlich auch ein Tarnkleid besessen haben, das oben dunkel und unten hell gefärbt war. Ihre Jungen mögen gestreift oder fleckig gewesen sein, um nicht gesehen zu werden.

Die Oberfläche der Haut
Der südamerikanische Carnotaurus ist der einzige Raubsaurier, dessen Hautoberfläche als Fossil bekannt ist. Die Haut ist überwiegend fein beschuppt, so wie bei einer Eidechse oder Schlange. Es gibt aber auch Reihen mit großen Schuppen, die an der Längsseite des Körpers verlaufen. Möglicherweise sah auch die Haut des Allosaurus ähnlich wie diese aus, und vielleicht besaßen einige der kleineren fleischfressenden Saurier sogar ein Federkleid.

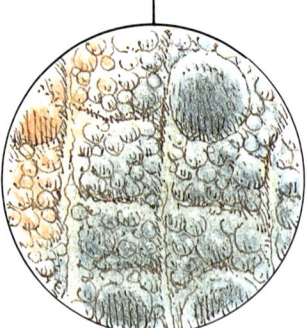

◁ Medizinische Geräte, mit denen man den Körper eines Menschen durchleuchten und sein Inneres auf einem Fernsehbildschirm betrachten kann, werden auch zur Untersuchung von Fossilien eingesetzt. Auf diese Weise läßt sich beispielsweise der versteinerte Inhalt eines Dinosauriereies untersuchen und anschließend ein lebensnahes Modell konstruieren, wie etwa dieses Dinosaurierbaby, das gerade aus dem Ei schlüpft.

Das Maul

Möglicherweise besaßen die großen Raubsaurier auch Lippen. Wie kommt man zu dieser Vermutung? Am Rande der Kieferknochen zieht sich eine Reihe kleiner Löcher hin, durch die möglicherweise kleine Blutbahnen zur Versorgung der Lippen verliefen.

Die Klauen

Horn gehört ebenfalls zu den Stoffen, die nicht versteinern. Die Hornkrallen eines Raubsauriers waren sicherlich um einiges länger als seine Fingerknochen.

DER »WIEDERBELEBTE« DINOSAURIER

Selbst wenn ein Forscher den Körper eines Dinosauriers vollständig wiederhergestellt hat, ist die Arbeit noch nicht beendet. Lebensgewohnheiten und Umwelt des Dinosauriers, aber auch andere Tiere, die in seinem Lebensraum vorkamen, müssen ebenfalls rekonstruiert werden, damit man ein vollständiges Bild des Dinosauriers erhält. Die Forscher arbeiten wie Detektive, um das Rätsel lösen zu können.

Ein bekanntes Beispiel, wie man ein solches Puzzlespiel auflöst, stammt aus Wyoming (USA). Auf einer Schichtfläche aus Sandstein und Kalk liegen die fossilen Skeletteile eines Camarasaurus. Die Knochen waren früher von weichem Schluffstein bedeckt, der nun verwittert ist. Camarasaurus war ein pflanzenfressender Sauropode, der im späten Jura in dieser Gegend häufig vorkam. Zwischen den verstreuten Knochen des Camarasaurus fand man auch abgebrochene Zähne des großen Raubsauriers Ceratosaurus sowie des kleineren Fleischfressers Ornitholestes. An den Knochen des Sauropoden erkennt man deutliche Fraß- und Nagespuren, etwa von der Größe der Zähne eines Allosaurus.

Diese Einzelheiten haben die Paläontologen zu einer spannenden Geschichte kombiniert: Camarasaurus lebte damals auf einer trockenen Ebene, da Sandstein und Kalk nur gemeinsam aus solchen Böden entstehen kann. Ein einzelnes Tier wurde von einem Allosaurus angefallen und getötet. Nachdem sich dieser den Bauch vollgeschlagen hatte, fielen über den Kadaver nun mehrere aasfressende Ceratosaurier her. Die letzten Reste wurden anschließend von einem Ornitholestes-Rudel vertilgt, die wie Schakale das tote Tier umkreist hatten. Kurze Zeit darauf trat ein nahe gelegener Fluß über seine Ufer und überzog die Ebene und auch das Skelett mit feinem Schluff. Daraus bildete sich allmählich Schluffstein, der dieses Fossil bedeckte.

▽ Ein Allosaurier hat einen jungen Camarasaurier erlegt und beginnt nun mit dem Fressen. Diese Szene wird durch viele kleine Hinweise rekonstruierbar, die neben dem versteinerten Beutetier im Gestein verstreut waren. Die fossilen Knochen verraten, welches Tier getötet wurde, und eventuell vorhandene Freßspuren oder ausgebissene Zähne geben darüber Aufschluß, welcher Raubsaurier hier zugeschlagen hatte.

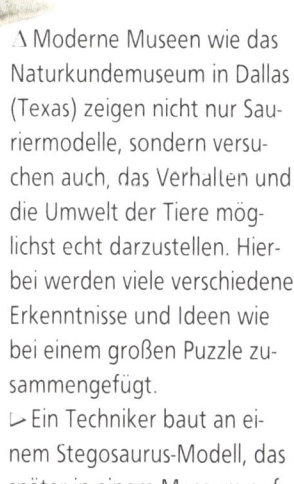

△ Moderne Museen wie das Naturkundemuseum in Dallas (Texas) zeigen nicht nur Sauriermodelle, sondern versuchen auch, das Verhalten und die Umwelt der Tiere möglichst echt darzustellen. Hierbei werden viele verschiedene Erkenntnisse und Ideen wie bei einem großen Puzzle zusammengefügt.

▷ Ein Techniker baut an einem Stegosaurus-Modell, das später in einem Museum aufgestellt und von einem Roboter »wiederbelebt« werden soll. Wenn wir diese fast naturgetreuen Dinosauriermodelle betrachten, können wir uns lebhaft eine urzeitliche Landschaft mit ihren lebendigen Dinosauriern vorstellen.

FASZINIERENDE DINOSAURIER

Warum werden wir von Dinosauriern magisch angezogen? Vielleicht aus dem gleichen Grund, weshalb wir Geschichten über Drachen und andere Ungeheuer mögen. Offenbar lieben wir Dinge, die wir absonderlich finden, die uns aber gleichzeitig Furcht einflößen.

Seitdem vor gut 150 Jahren das erste Saurierfossil entdeckt und der Name »Dinosaurier« geprägt wurde, hat der Gedanke an ausgestorbene Ungetüme die Phantasie und das Interesse der Menschen angeregt. Kleine Kinder können schon die zungenbrecherischen Namen der Dinosaurier aussprechen, ehe sie lesen und schreiben können. Dinosaurierausstellungen gehören zu den beliebtesten Attraktionen der Museen. Überall tauchen Dinosaurier auf: als Cartoons, Spielzeug, Aufkleber und Anstecker, als Werbefiguren, in Form von Keksen und Nudeln und auf Briefmarken.

Seitdem 1854 die ersten Dinosauriermodelle aufgestellt wurden, hat es immer wieder Dinosaurierausstellungen gegeben. 1907 wurden in Hagenbecks Tierpark in Hamburg Dinosaurier aus Zement aufgestellt. Die jüngste Neuheit sind lebensgroße Dinosauriermodelle, die sich bewegen können.

Auch in der Literatur waren Dinosaurier wiederholt ein beliebtes Thema, wie beispielsweise in der »Reise zum Mittelpunkt der Erde« von Jules Verne oder in dem vor kurzem erschienenen Buch »DinoPark« von Michael Crichton.

Dinosaurier sind auch im Kino »aufgetreten«. Manchmal waren aber die spektakulären Szenen auf der Leinwand eher dazu geeignet, das Vorurteil, Dinosaurier seien Geschöpfe der Phantasie gewesen, weiter zu vertiefen. Den größten Erfolg hatten die Dinosaurier in dem Zeichentrickfilm »In einem Land vor unserer Zeit«.

△ Die letzte Neuheit der »Dinosaurier-Technologie« ist ein Triceratops, der – durch einen Roboter gesteuert – seinen Kopf heben und sogar brüllen kann. Modelle wie dieses bringen uns das Leben der Dinosaurier näher.

◁ Dieses halb ausgegrabene fossile Skelett eines Dinosauriers ist der Beweis, daß es vor 140 Millionen Jahren Lebewesen gab, die in einer Welt lebten, die ganz anders aussah als heute.

SCHON GEWUSST?

Wann lebten die ersten Dinosaurier?

Wie wir heute wissen, lebten Herrerasaurus und Staurikosaurus als vermutlich erste Dinosaurier zu Beginn der späten Trias in Südamerika. Beide waren Fleischfresser, und sie sind vor 225 Millionen Jahren aus den Thecodontiern hervorgegangen, die fast so wie Krokodile aussahen.

Wann starben die Dinosaurier aus?

Die Dinosaurier verschwanden gegen Ende der Kreidezeit, also vor knapp 65 Millionen Jahren. Die Zahl der Dinosaurierarten war zwar schon einige Millionen Jahre zuvor zurückgegangen, doch dann starben sie und noch viele andere Tierarten plötzlich alle aus.

Wie werden Dinosaurier eigentlich benannt?

Der richtige wissenschaftliche Name eines Dinosauriers (und auch aller anderen Tiere und Pflanzen) besteht aus zwei Teilen. Der erste ist der sogenannte Gattungsname, der einen großen Anfangsbuchstaben hat. Der zweite Teil, der Artenname, wird immer klein geschrieben. Verschiedene Dinosaurierarten, die sich sehr ähnlich sehen oder sehr viele gemeinsame Merkmale haben, werden zu einer Gruppe, der sogenannten Gattung, zusammengefaßt. Auf diese Weise kam es beispielsweise zu der Bezeichnung Tyrannosaurus rex, obwohl häufig auch der verkürzte Name Tyrannosaurus verwendet wird.

Wie viele verschiedene Dinosaurier gab es?

Heute vermutet man, daß im Erdmittelalter insgesamt zwischen 900 und 1200 verschiedene Dinosauriergattungen gelebt haben. Die Wissenschaftler glauben allerdings, daß sie erst gut ein Viertel der Tiere entdeckt haben.

In welchem Gebiet kamen die meisten Dinosaurier vor?

Im Westen der USA und Kanadas liegen einige Gebirge, die während Trias, Jura und Kreide entstanden sind und deren Gestein sehr wahrscheinlich die meisten verschiedenen Dinosaurierarten enthält. Hier hat man beispielsweise die Raubsaurier Dilophosaurus, Allosaurus und Coelophysis, die Sauropoden Apatosaurus und Brachiosaurus sowie die Ornithopoden Stygimoloch und Corythosaurus gefunden, aber auch den Ankylosaurier Euoplocephalus, den Hornsaurier Triceratops und Stegosaurus mit seinen Rückenplatten.

Welche Dinosaurier waren am weitesten verbreitet?

Sehr wahrscheinlich war das Iguanodon, das man in den USA, Europa und in der Mongolei gefunden hat, am weitesten verbreitet. Andere häufig vorkommende Dinosaurier waren Brachiosaurus, der im amerikanischen Bundesstaat Colorado und im afrikanischen Tansania gefunden wurde, Pachyrhinosaurus, von dem man zahlreiche Exemplare in der kanadischen Provinz Alberta und in Alaska entdeckt hat, Psittacosaurus aus China, Sibirien und der Mongolei sowie Chasmosaurus, der in Texas und Alberta sehr verbreitet war.

Welche Dinosaurier lebten am weitesten im Süden?

In Südostaustralien fanden einige Forscher in Felsschichten, die aus der frühen Kreide stammen, mehrere Dinosaurierfossilien, u.a. Überreste des Ankylosauriers Minmi und der Ornithopoden Fulgurotherium, Leaellynasaura und Atlascopcosaurus. In der frühen Kreide befand sich dieser Teil Australiens noch innerhalb des antarktischen Polarkreises. Auch in der Antarktis hat man einige Dinosaurierfossilien gefunden, allerdings sind sich die Wissenschaftler noch nicht sicher, von welchen Arten sie stammen.

Welche Dinosaurier lebten am weitesten im Norden?

In Gesteinen aus der späten Kreide, die sich in Alaska befinden, hat man Fossilien von Entenschnabelsauriern (auch Hadrosaurier genannt) entdeckt. Zum damaligen Zeitpunkt lag dieser Landstrich etliche hundert Kilometer weiter im Norden als heute. Auf Spitzbergen im Nordpolarkreis wurden sogar Spuren vom Iguanodon gefunden, die während der frühen Kreide entstanden.

Welcher Dinosaurier war der größte von allen?

Der Sauropode Ultrasauros, ein Verwandter des Brachiosaurus, konnte seinen Kopf fast 17 Meter über den Boden erheben.

Welcher Dinosaurier besaß das größte Gewicht?

Soviel wir wissen, war Ultrasauros wohl nicht nur der größte, sondern auch der schwerste Saurier. Zu Lebzeiten muß er etwa 100 Tonnen gewogen haben. Allerdings hat man 1987 das Knochenfragment eines Dinosauriers gefunden, welcher große Ähnlichkeit mit einem Brachiosaurus besitzt, und dieses Tier könnte vielleicht sogar 130 Tonnen gewogen haben.

Welcher Dinosaurier erreichte die größte Körperlänge?

Der Sauropode Seismosaurus, zu deutsch »Erdbeben-Echse«, ähnelte mit seinem langen Hals sehr stark einem Diplodocus. Obwohl sein Skelett, das man 1985 ausgrub, nur unvollständig war, vermuten die Wissenschaftler, daß Seismosaurus eine Körperlänge von mehr als 39 Metern besaß.

Welcher Dinosaurier war am besten gepanzert?

Die Ankylosaurier, wie beispielsweise Euoplocephalus, gelten als die bestgepanzerten Dinosaurier, denn sogar ihre Augenlider wirkten wie kleine Schutzrollos. Die größte Panzerechse, der Ankylosaurus, war siebeneinhalb Meter lang, und der Ankylosaurier Saichania, der in der Mongolei lebte, war sowohl auf dem Rücken wie auf dem Bauch gepanzert.

Welcher Dinosaurier besaß den größten Schädel?

Die größten Schädel finden wir bei den Hornsauriern, die auch Ceratopsier heißen. Diese Tiere besaßen im Nacken einen Knochenkamm, der wie eine Halskrause aussah. Der längste Schädel, den man je bei einem Landtier gesehen hat, stammt vom Torosaurus und war – einschließlich der Halskrause – 2,7 Meter lang.

Welcher Dinosaurier hatte die größten Zähne?

Der Tyrannosaurus konnte mit seinen messerscharfen Zähnen, die manchmal länger als 15 Zentimeter waren, seine Beute in Sekundenschnelle zerreißen.

Welcher Dinosaurier hatte den längsten Hals?

Bei einem vollständig erhaltenen Sauropoden namens Mamenchisaurus, der mit Diplodocus verwandt ist und in China ausgegraben wurde, hat man einen knapp elf Meter langen Hals gefunden. Mamenchisaurus hatte also den längsten Hals aller bis dahin bekannten Tiere. Allerdings haben einige Forscher 1987 einzelne Halswirbel eines unbekannten Dinosauriers entdeckt, die zusammengesetzt sogar eine Halslänge von über 15 Metern ergeben.

Welcher Dinosaurier hatte die längsten Klauen?

Therizinosaurus, ein Carnosaurier aus der späten Kreide, der in der Mongolei gefunden wurde, ist für seine außerordentlich lange Vorderklaue bekannt. Leider hat man außer Arm und Hand keine größeren Skelettreste dieses Dinosauriers gefunden. Die Armlänge beträgt 2,4 Meter, und ein unvollständiger Handknochen, an dem die Kralle sitzt, mißt etwas weniger als 70 Zentimeter. Zu Lebzeiten des Tieres war dieser noch durch eine sichelförmige Hornklaue verlängert. Therizinosaurus gilt als ein Fleischfresser, der sich ausschließlich von Insekten ernährt haben soll. Man vermutet, daß er dabei die Baue von Ameisen oder Termiten mit seiner Kralle aufriß, um an die Tiere zu gelangen.

Welcher Dinosaurier besaß das größte »Rückensegel«?

Der Raubsaurier Spinosaurus war vermutlich so groß wie ein Tyrannosaurus. Auf seinem Rücken trug er ein kammähnliches Hautsegel, das durch anderthalb Meter lange, klingenartige Wirbelfortsätze gehalten wurde.

Welcher Dinosaurier hatte den längsten Kamm?

Der mit Hohlräumen versehene Schädelkamm des Entenschnabelsauriers Parasaurolophus bog sich über 1,8 Meter vom Kopf nach hinten weg.

SCHON GEWUSST?

Welcher Dinosaurier hatte die längsten Hörner?
Beim Hornsaurier Triceratops befanden sich von den drei Hörnern eins auf der Nase und die beiden anderen über den Augen. Allein die Knochenkegel, auf denen die eigentlichen, aus Hornsubstanz bestehenden »Augenhörner« saßen, waren gut 90 Zentimeter lang. Deshalb müssen zu Lebzeiten des Triceratops die Hörner sicherlich ganz schön lang gewesen sein.

Welcher war der kleinste Dinosaurier?
Der kleine Fleischfresser Compsognathus, der nur 90 Zentimeter lang war und gut 2,25 Kilogramm wog, gilt als kleinster Dinosaurier. In Colorado (USA) wurden fossile Reste eines wesentlich kleineren zweibeinigen Dinosauriers gefunden, der sich von Pflanzen ernährte. Vermutlich war er mit Scutellosaurus verwandt, jedoch fehlte ihm der Panzer. Trotz seiner knapp sieben Kilogramm Lebendgewicht maß er nur 75 Zentimeter.

Wie groß sind die kleinsten Dinosaurierbabys?
In den Bergen Montanas (USA) hat man die Nester des Orodromeus freigelegt, der sich wie Hypsilophodon von Pflanzen ernährte. In einem Ei befand sich ein Embryo, der nur zehn Zentimeter lang war. Das Skelett eines jungen Mussaurus ist auch nur 20 Zentimeter lang, doch leider hat man seinen Schwanz nicht gefunden.

Konnten Dinosaurier auf Bäume klettern?
Nach Meinung mancher Wissenschaftler konnte Hypsilophodon auf Bäume klettern, weil sein Körper wie der eines heutigen Baumkänguruhs gebaut ist. Und auch seine Beine waren scheinbar so entwickelt, daß dieser Dinosaurier wie ein Vogel auf Zweigen sitzen konnte. Heute wissen wir, daß dies nicht stimmt, weil Hypsilophodon schnell laufen konnte.

Welcher war der intelligenteste Dinosaurier?
Vermutlich war der kleine Raubsaurier Troodon, der aus der frühen Kreide stammt, der klügste Dinosaurier. Sein Gehirn war bereits so groß wie das einiger Vögel von heute. Im allgemeinen gelten Raubsaurier als die intelligentesten Vertreter der Dinosaurier, da ihr Gehirn im Vergleich zum restlichen Körper sehr gut entwickelt war. Schließlich benötigten sie als Raubtiere ja auch ein großes Hirn, um besser sehen und hören und somit auch besser jagen zu können.

Welcher war der schnellste Dinosaurier?
Im frühen Jura hat ein kleiner Dinosaurier sehr interessante Spuren in Felsschichten hinterlassen, die im heutigen Arizona liegen. Obwohl das Tier nur etwas mehr als neun Kilogramm wog, lagen seine Fußspuren gut dreieinhalb Meter auseinander. Aus diesem Fund berechneten Wissenschaftler eine Geschwindigkeit von 60 Kilometern pro Stunde.

Wie heißt der kleinste Ankylosaurier?
Der Ankylosaurier Struthiosaurus, der während der frühen Kreide in Osteuropa lebte, war nur etwa 15 Zentimeter lang.

Welcher Dinosaurier besaß die größte Ähnlichkeit mit einem Vogel?
Das Skelett des Avimimus, was auf deutsch »vogelähnlich« bedeutet, besitzt sehr viele Merkmale eines Vogelskeletts. Daher glauben manche Forscher, daß dieser Dinosaurier Federn hatte und fliegen konnte.

Wie heißt der letzte Stegosaurier?
Der Stegosaurier Dravidosaurus lebte bis gegen Ende der Kreide in Indien. Alle anderen Stachelsaurier waren im Jura oder in der frühen Kreide ausgestorben. Dravidosaurus, der auch der einzige indische Stegosaurier ist, überlebte vermutlich, weil Indien damals ein Inselkontinent war, ähnlich wie Australien heute. Deshalb war Dravidosaurus vermutlich nicht so häufig von Feinden bedroht.

Wie heißt der kleinste Hornsaurier?
Sein Name lautet Microceratops, was auf deutsch »kleines Hörnerauge« bedeutet, und er stammt aus der frühen Kreidezeit Chinas. Der Hornsaurier maß nur 75 Zentimeter und war ähnlich gebaut wie Hypsi-

lophodon, hatte aber ein winziges Nasenhorn und eine kleine Halskrause.

Welcher war der kleinste Tyrannosaurier?

Wir stellen uns die Tyrannosaurier, wie beispielsweise Tyrannosaurus rex, immer als die größten Raubsaurier vor. Allerdings gab es auch kleinere Vertreter dieser Familie, wie etwa den Nanotyrannus, der im Montana (USA) der späten Kreide lebte und nur viereinhalb Meter lang war.

Welcher Dinosaurier besaß die größten Augen?

Die Augen des Dromiceiomimus, eines Verwandten von Troodon, besaßen einen Durchmesser von siebeneinhalb Zentimetern.

Welcher Dinosaurier legte die größten Eier?

Die Eier des Sauropoden Hypselosaurus, dessen Fossilien in südfranzösischen Gesteinsschichten aus der späten Kreide vorkommen, sind etwa so groß wie Straußeneier. Sie waren 30 Zentimeter lang und besaßen einen Durchmesser von 25 Zentimetern. Wenn die Eier nur etwas größer gewesen wären, wäre die Schale so dick geworden, daß die kleinen Hypselosaurier Schwierigkeiten beim Schlüpfen bekommen hätten.

Wie alt wurden Dinosaurier?

Natürlich wissen wir nichts darüber, wie lange ein einzelner Dinosaurier gelebt hat. Vermutlich erreichten aber die großen Sauropoden das höchste Alter. Falls sie Warmblüter waren, sind sie vielleicht 100 Jahre alt geworden. Wenn sie jedoch Kaltblüter waren, konnten sie sogar ein Alter von 200 Jahren und mehr erreichen.

Welcher Dinosaurier besaß das kleinste Gehirn?

Das Gehirn von Stegosaurus wog nur knapp 70 Gramm, was etwa 1/250 000 seines Gesamtgewichts ausmachte. (Zum Vergleich: Das Gehirn eines erwachsenen Menschen wiegt 1/50 seines Körpergewichts.)

Welcher pflanzenfressende Dinosaurier besaß die meisten Zähne?

Bei den zweibeinigen Hadrosauriern, wie beispielsweise Corythosaurus, saßen mehrere hundert Zähne, zu einer sogenannten Zahnbatterie zusammengepackt, im Ober- und Unterkiefer der Tiere. Dinosaurier kauten anders als Säugetiere. Die Hadrosaurierzähne bildeten eine schräggestellte, halb bewegliche Reibfläche, auf der die abgerissenen Pflanzen zermahlen wurden. Die Zähne nutzten zwar schnell ab, wurden aber sofort durch neue ersetzt.

Welcher Raubsaurier besaß die meisten Zähne?

In der langgezogenen Schnauze des Baryonyx, der sich von Fischen ernährte, saßen doppelt so viele Zähne wie im Kiefer anderer Theropoden: 32 Zähne auf jeder Seite des Unterkiefers statt der üblichen 16. Dies ist ein Hinweis auf die Ernährung des Baryonyx, denn viele kleine, stiftförmige Zähne sind besser zum Fischfang geeignet als wenige große Zähne.

Welcher Dinosaurier hat den längsten Namen?

Mit 23 Buchstaben trägt bislang Micropachycephalosaurus (zu deutsch »Kleiner Dickkopfsaurier«) den längsten Namen. Dieser rundköpfige Ornithischier ist außerdem einer der kleinsten Dinosaurier; er ernährte sich von Pflanzen und war gut 50 Zentimeter lang. Der kürzeste Dinosauriername wurde dem Ankylosaurier Minmi vergeben, der nach seinem Fundort in Australien benannt wurde.

Wo sind die meisten verschiedenen Dinosaurier ausgestellt?

Im Amerikanischen Museum für Naturgeschichte in New York kann man sich die meisten Dinosaurierarten anschauen. Insgesamt sind mindestens 21 verschiedene Gattungen ausgestellt.

Wo befindet sich das größte rekonstruierte Dinosaurierskelett?

Im Berliner Humboldt-Museum für Naturkunde steht das rekonstruierte Skelett eines Brachiosaurus, das 22,5 Meter lang ist und eine Schulterhöhe von sechs

Metern besitzt. Sein Kopf befindet sich 12,5 Meter über dem Boden.

Welches ist das höchste rekonstruierte Dinosaurierskelett?

Das Skelett eines Barosaurus, eines Sauropoden-Verwandten des Diplodocus, steht im Amerikanischen Museum für Naturgeschichte in New York. Das Skelett wurde so montiert, daß es sich auf seine Hinterbeine aufrichtet und so eine Scheitelhöhe von 16,5 Metern erreicht.

Wie lang ist die längste durchgängige Dinosaurierfährte?

In einer Gesteinsschicht aus dem späten Jura, die im heutigen Colorado liegt, hat man die durchgängigen Fußstapfen eines Apatosauriers gefunden. Diese versteinerte Spur erstreckt sich über mehr als 200 Meter Länge.

In welchem Land wurden die meisten unterschiedlichen Dinosaurier gefunden?

In den Vereinigten Staaten von Amerika (USA) hat man nach neuesten Zahlen 64 Dinosauriergattungen und somit mehr Dinosaurierfossilien als in den übrigen Ländern der Welt gefunden. Als nächstes sind die Mongolei mit 40 Gattungen, dicht gefolgt von China mit 36, Kanada mit 31 und Großbritannien mit 26 Gattungen zu nennen.

Wie groß ist der größte bisher gefundene Dinosaurierknochen?

1988 wurde im amerikanischen Bundesstaat Colorado ein vollständiges versteinertes Becken gefunden, das von einem Sauropoden stammt. Der Fundort lag nicht weit von der Stelle entfernt, an der man in den siebziger Jahren Fossilien von Supersaurus und Ultrasauros freigelegt hatte. Die Beckenknochen sowie die zugehörigen Wirbel sind insgesamt 1,8 Meter hoch, etwa 1,35 Meter lang und wiegen knapp 680 Kilogramm.

Haben einige Dinosaurier auch noch nach dem Ende der Kreide gelebt?

Gelegentlich findet man fossile Zähne, die wie Dinosaurierzähne aussehen und aus Gesteinen stammen, die unmittelbar nach dem Ende der Kreide (vor 65 Millionen Jahren) entstanden sind. Einige dieser Zähne stammen allerdings nicht von Dinosauriern, sondern gehören einem Krokodil, das damals auf dem Festland lebte; die übrigen hat man noch nicht sicher bestimmen können. Viele Wissenschaftler behaupten, daß die heutigen Vögel sich aus den Dinosauriern entwickelt haben. Daher sind die Nachkommen der Dinosaurier immer noch unter uns, obwohl die eigentlichen Dinosaurier ausgestorben sind.

Wie groß ist die kleinste Dinosaurierspur?

In einem Felsstück aus dem frühen Jura hat ein Amateursammler eine 2,5 Zentimeter große Fährte gefunden. Wahrscheinlich handelt es sich bei diesem Abdruck eines dreizehigen Fußes um die Spur eines kleinen Raubsauriers. Der Fundort liegt im kanadischen Neuschottland. Das Tier, das diesen Abdruck hinterlassen hat, war vermutlich nicht größer als ein Spatz.

Wer baute das erste Dinosauriermodell?

In der Akademie für Naturwissenschaften in Philadelphia fertigte der Künstler Benjamin Waterhouse Hawkins 1868 unter Anleitung von Joseph Leidy den Gipsabdruck eines Hadrosaurierskeletts an. Dies war das erste Dinosauriermodell, das jemals ausgestellt wurde.

Wie hieß der erste Dinosaurierfilm?

Der erste Dinosaurierfilm mit dem Titel »Gertie der Dinosaurier« war ein Stummfilm und zugleich ein Trickfilm. Er entstand 1912 unter der Regie von Windsor McCay. Tatsächlich war Gertie auch eine der allerersten Cartoon-Figuren. 1914 drehte Willis O'Brien einen Film, zu dessen Trickaufnahmen auch ein »lebendiger« Apatosaurus (natürlich als Modell) gehörte. O'Brien war auch für die Trickaufnahmen der Dinosaurier verantwortlich, die in den Filmen »Die verlorene Welt« (1925) und »King-Kong« (1933) eingesetzt wurden.

WORTERKLÄRUNGEN

Aasfresser: Tiere, die zwar Fleisch fressen, jedoch selbst nicht jagen und statt dessen von toten Tieren oder den Beuteresten anderer Raubtiere leben.

Abdruck: Auch Ausguß genannt. Dieser entsteht auf natürliche Weise, wenn sich ein Hohlraum (etwa die Fußspur oder der Schädel eines Dinosauriers) mit feinem Sand oder Schlamm füllt und später zu Stein wird. Ein Wissenschaftler kann aber auch künstliche Abdrücke anfertigen, indem er beispielsweise die fossilen Spuren eines Dinosauriers mit Gips oder Latex ausgießt.

Ablagerung: Wissenschaftlich auch Sediment genannt. Diese entstehen, wenn Sand, Ton, Schluff und Kies beispielsweise durch Flüsse, Wind oder Gletscher an einen bestimmten Ort transportiert werden.

Algen: Sehr urtümliche, meist im Wasser vorkommende Pflanzengruppe, zur der auch der Seetang gehört

Ammoniten: Eine altertümliche Gruppe von Mollusken (Weichtieren), die sehr nahe mit den heutigen Tintenfischen verwandt sind.

Die Ammoniten sind zur selben Zeit wie die Dinosaurier ausgestorben.

Amphibien: Eine Wirbeltiergruppe, die ihre Eier (Laich) im Wasser ablegt. Die Jungen (Kaulquappen) leben ebenfalls ausschließlich im Wasser; nur die ausgewachsenen Tiere können an Land leben.

Anatomie: Die Lehre vom Körperbau. Bei anatomischen Untersuchungen an Dinosauriern setzt man einzelne Dinosaurierknochen zusammen oder vergleicht die unterschiedlichen Größen und Formen der Knochen.

Art: Eine Tier- oder Pflanzenart besteht aus vielen Einzelwesen, die sich (meist) ähnlich sehen und miteinander paaren können, um gemeinsam Nachwuchs zu bekommen. Wissenschaftlich gesehen setzt sich ein Artname aus zwei Teilen, dem lateinischen Gattungsnamen (z.B. Canis) und dem Artnamen (z.B. familiaris), zusammen. So gehören alle Hunde, vom Bernhardiner bis zum Dackel, derselben Art an, nämlich dem Haushund (Canis familiaris).

Atmosphäre: Eine unsichtbare Gashülle, die unsere Erde umgibt; gelegentlich spricht man auch von der Lufthülle.

Baumfarne: → Palmfarne

Beutetiere: → Raubtiere

Binnenmeer: → Flachmeere

Ceratopsier: → Hornsaurier

Embryo: Noch nicht voll entwickeltes Lebewesen, das sich in einem Ei oder im Mutterleib befindet.

Entenschnabelsaurier: → Hadrosaurier

Erdaltertum: Wissenschaftlich

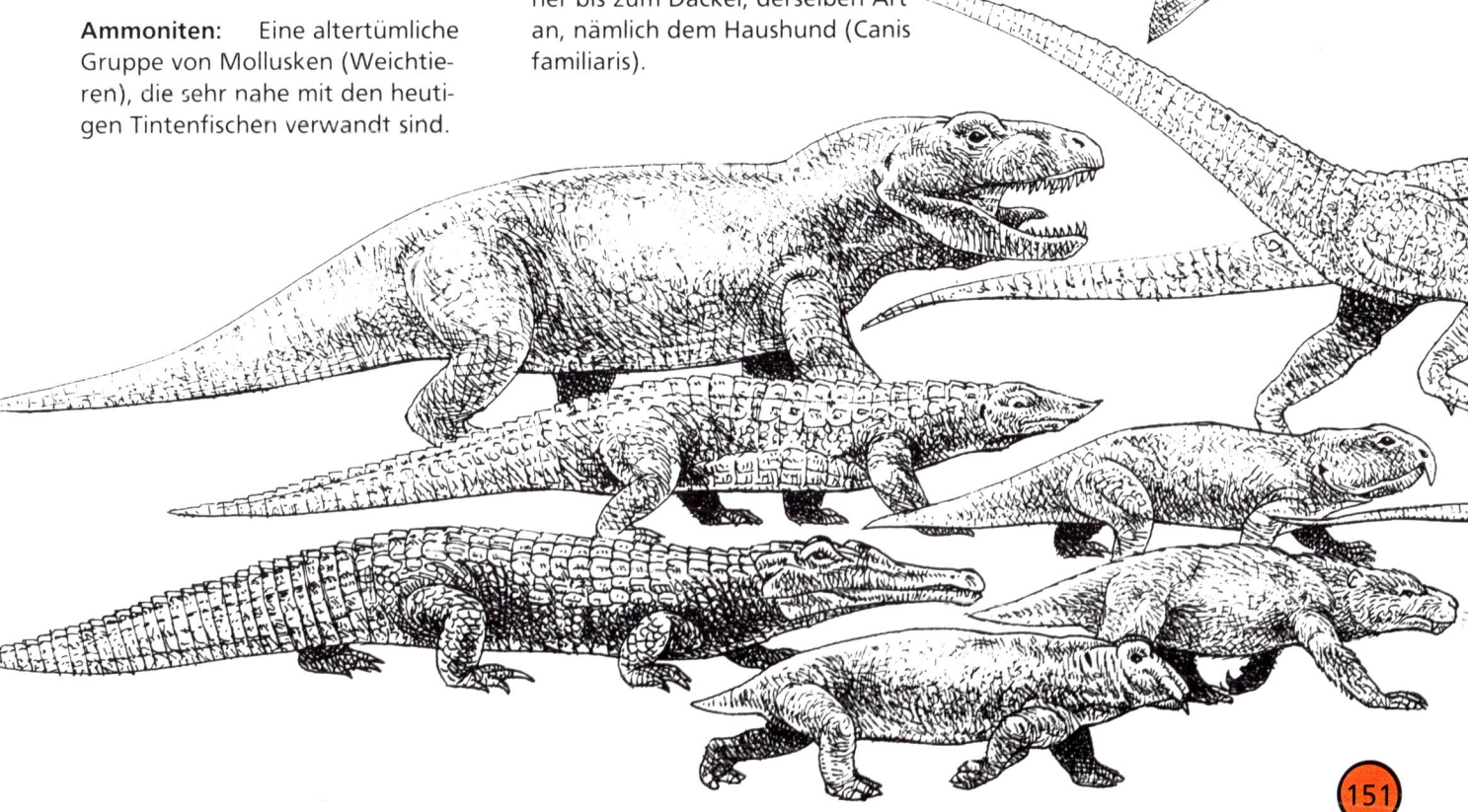

WORTERKLÄRUNGEN

auch Paläozoikum genannt. Es begann mit dem Kambrium vor 570 Millionen Jahren und endete mit dem Perm vor 245 Millionen Jahren. Dazwischen lagen noch die Perioden Ordovizium, Silur, Devon und Karbon.

Erdkern: Der Erdkern umfaßt zwei Teile, nämlich eine innere, feste Kugel und eine äußere flüssige Schicht. Der Erdkern besteht sehr wahrscheinlich aus Nickel und Eisen. Die Temperatur des inneren Kerns liegt bei etwa 5000 Grad Celsius.

Erdkruste: Die äußere feste Hülle der Erde; sie ist zu 70 Prozent von Meeren und Ozeanen bedeckt.

Erdmantel: Eine 2900 Kilometer

dicke Schicht zwischen Erdkruste und Erdkern, die aus halbflüssigem Gestein besteht.

Erdmittelalter: Wissenschaftlich auch Mesozoikum genannt. Dieser Zeitraum liegt 245 bis 65 Millionen Jahre zurück und wird auch als Zeitalter der Dinosaurier bezeichnet.

Erdneuzeit: Auch Känozoikum genannt. Dieses Zeitalter begann vor 65 Millionen Jahren mit dem Ende der Kreide und dauert bis in die Gegenwart an. Die Erdneuzeit ist das Zeitalter der Säugetiere und des Menschen. Man teilt es in zwei Perioden, das Tertiär und das Quartär.

Erosion: Geologischer Vorgang, bei dem durch die Kräfte von

Wind, Regen, Flüssen und Gletschern festes Gestein abgetragen und in Form feiner Bodenteilchen wegtransportiert wird.

Evolution: Alle Vorgänge, die zur Entwicklung neuer Tier- und Pflanzenarten geführt haben. Die Evolution wird durch bestimmte äußere Umstände (z.B. Klima, Nahrungsangebot, Freßfeinde, Überbevölkerung), aber auch durch innere Faktoren der einzelnen Tiere (wie Erbgut, Verstand, Gesundheit) gesteuert.

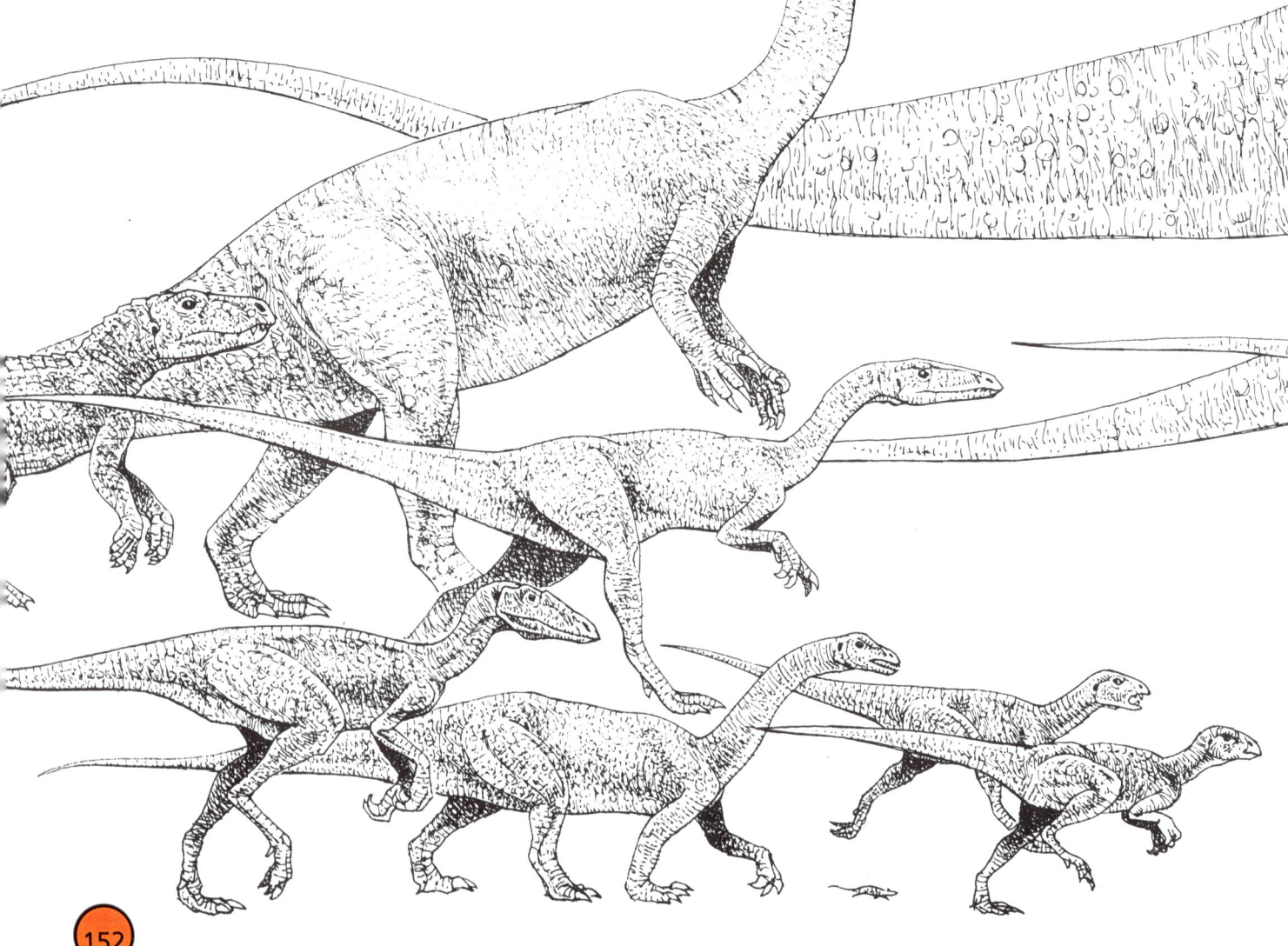

Farne: Pflanzen, die keine deutlichen Blüten besitzen, sondern sich über Sporen vermehren.

Flachmeere: Meere, die meist in Küstennähe liegen und im Vergleich zu den Ozeanen nicht sehr tief sind. Ein solches Gewässer ist zum Beispiel die Nordsee.

Flugsaurier: Mit den Dinosauriern verwandte Reptilien, die – ähnlich wie heutige Fledermäuse – mit Hilfe lederartiger Flügel fliegen konnten. Sie lebten ebenfalls im Mesozoikum und starben zusammen mit den Dinosauriern aus.

Fossil: Fossilien sind Überreste vorzeitlicher Pflanzen und Tiere, die im Laufe der Erdgeschichte versteinerten und auf diese Weise erhalten blieben.

Fragment: Andere Bezeichnung für ein Bruchstück, z.B. eines Knochens

Gattung: Mehrere Arten (Tiere oder Pflanzen) bilden eine Gattung, und mehrere Gattungen wiederum eine Familie. Tiere derselben Gattung sehen sich zwar noch sehr ähnlich und können sich manchmal

sogar noch paaren, ihre Nachkommen können dies aber nicht. Beispielsweise gehören Pferd und Esel zur selben Gattung (Equus), ihre gemeinsamen Nachkommen, die Maultiere oder Maulesel, sind jedoch unfruchtbar.

Geographie: Die Geographie (oder Erdkunde) beschäftigt sich mit allen Erscheinungen und Vorgängen, die mit der Erde, ihrer Entstehung und Gestalt sowie ihren Veränderungen zu tun haben. Ein wichtiger Zweig dieser Wissen-

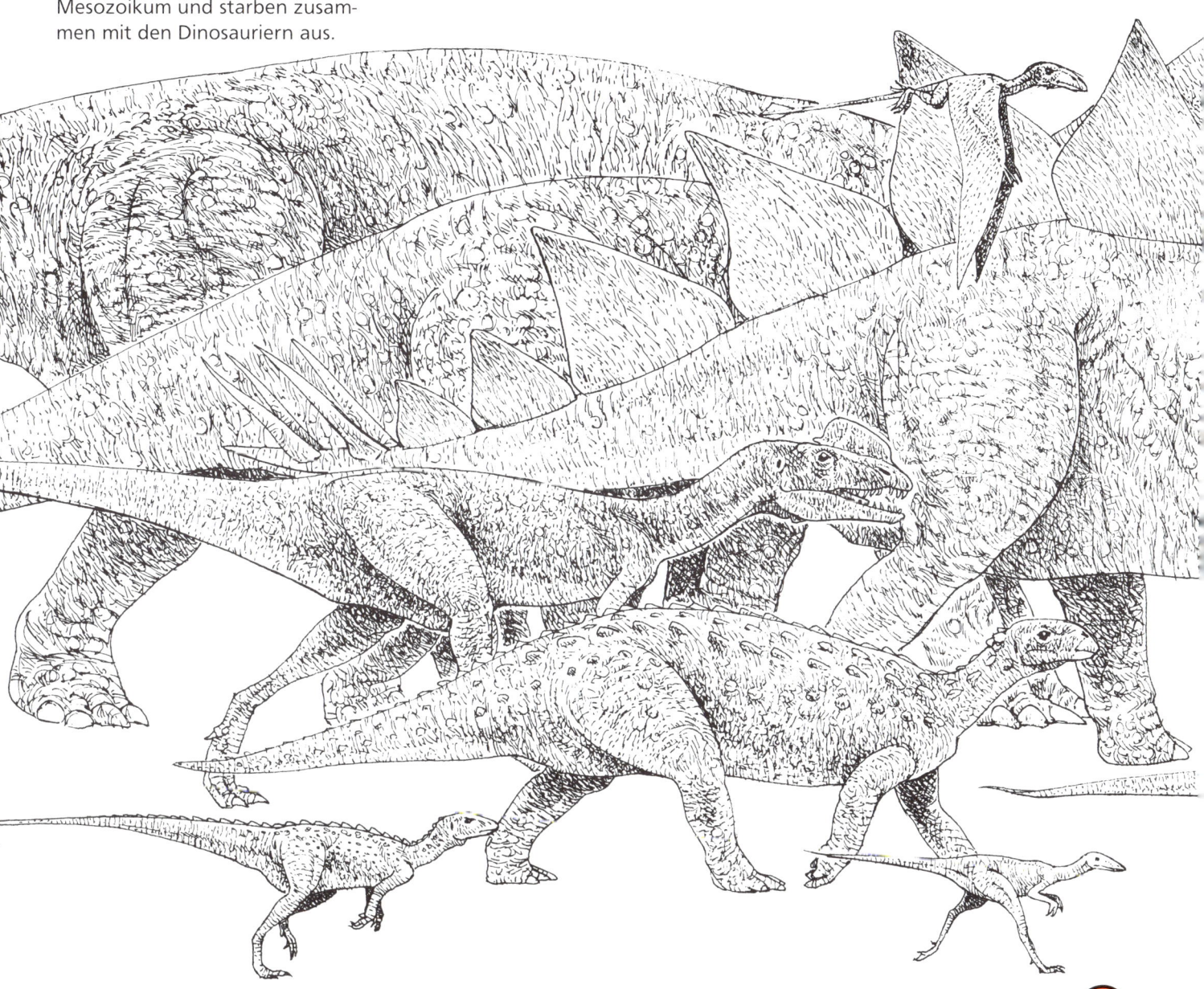

WORTERKLÄRUNGEN

schaft ist die Geologie, die sich mit allen Gesteinen, Mineralien und Fossilien befaßt.

Geologie: → Geographie

Ginkgo: Ginkgos sind Nacktsamer wie die Nadelbäume, besitzen aber fächerförmige Blätter, die sie im Herbst verlieren. Heute gibt es nur noch eine Ginkgo-Art.

Gondwana: Name der südlichen Hälfte des Superkontinents Pangäa, der sich aus den heutigen Erdteilen Südamerika, Afrika, Australien, Indien und der Antarktis zusammensetzte.

Hadrosaurier: Auch Entenschnabelsaurier genannt. Eine Gruppe zweibeiniger pflanzenfressender Dinosaurier (Ornithopoden), die während der Kreide in großen Herden über die nördlichen Kontinente wanderten.

Horn: Ein sehr widerstandsfähiges Material, das aus den gleichen chemischen Bausteinen aufgebaut ist wie Haare. Im Tierreich wird Horn oft verwendet, um den Körper an bestimmten Stellen zu schützen.

Hornsaurier: Auch Ceratopsier genannt. Pflanzenfressende Dinosaurier, die Hörner und meist eine Halskrause aus Horn besaßen.

Ichthyosaurier: Schwimmende Reptilien, die im Mesozoikum gelebt haben.

Jura: Mittlere Periode des Erdmittelalters, liegt 208 bis 144 Millionen Jahre zurück. Dieser Zeitraum umfaßte den Höhepunkt der Dinosaurier, vor allem der Sauropoden.

Kalkstein: Auch Karbonatgestein genannt. Dieses besteht hauptsächlich aus Kalzit und Dolomit. Diese beiden Mineralien stammen aus den äußeren Hüllen ehemaliger Meerestiere und Pflanzen, die vor Urzeiten gestorben sind. Ihre Schalen sanken zu Tausenden zum Meeresboden und bildeten dort Sedimentschichten.

Kaltblüter: Auch wechselwarm genannt. Kaltblütige Tiere, wie beispielsweise Amphibien und Reptilien, können ihre Körpertemperatur nicht genau regulieren und müssen Wärme von außen (z.B. Sonnenlicht) aufnehmen.

154

Känozoikum: → Erdneuzeit

Klima: Die durchschnittliche Witterung in einem Gebiet wird als dessen Klima bezeichnet.

Kohle: Entsteht aus den Überresten urzeitlicher Pflanzen, die nach ihrem Absterben unter gewaltigen Massen von Ton, Schluff und Sand begraben wurden. Durch das gewaltige Gewicht dieser Erdschichten entsteht ein enormer Druck, der die Pflanzenreste zu Kohle zusammenpreßt.

Kontinent: Die Kontinente oder Erdteile stellen die großen Landmassen der Erde. Die heutigen Kontinente sind Asien, Afrika, Nord- und Südamerika, die Antarktis, Europa und Australien.

Kopf-Schwanz-Länge: Bei vierbeinigen Tieren wird normalerweise die Kopf-Schwanz-Länge (also von der Schnauzenspitze bis zur Schwanzspitze) gemessen, da dies die genaueste Angabe ist.

Kreide: Die letzte der drei Perioden des Erdmittelalters. Sie liegt 144 bis 65 Millionen Jahre zurück. Gegen Ende der Kreide sind die Dinosaurier ausgestorben.

Laurasia: So hieß die nördliche Hälfte des Superkontinents Pangäa, die sich aus den heutigen Erdteilen Nordamerika, Europa und dem überwiegenden Teil Asiens zusammensetzte.

Löß: Auf weiten Ebenen können große Mengen an Sand vom Wind bewegt und abgelagert werden. Diese Sedimentschichten werden als Löß bezeichnet. Lößböden sind sehr fruchtbar.

Lungenfisch: Lungenfische besitzen neben ihren Kiemen, die zur Atmung im Wasser dienen, auch noch besondere Atemorgane, mit denen sie an Land atmen können. Diese Fische waren im Devon weit verbreitet, heute leben nur noch drei Arten.

Mesozoikum: → Erdmittelalter

Meteorit: Großer Gesteinsblock, der vom All auf die Erde (oder andere Planeten) herabstürzt

Mineralien: Aus bestimmten chemischen Elementen auf natürliche Weise entstandene Verbindungen, die man als Kristalle oder Salze im Boden oder Gestein findet.

Moleküle: Die kleinste Form einer chemischen Verbindung. Moleküle entstehen durch den Zusammenschluß mehrerer chemischer Grundbausteine (Atome).

Nacktsamer: Große Pflanzengruppe, zu der hauptsächlich Bäume wie Nadelhölzer, Palmfarne und Ginkgos zählen. Ihre »Blüten« besitzen keine äußere Blütenhülle wie die typischen Blütenpflanzen.

Nadelhölzer: Bäume, etwa Tannen, Fichten und Lärchen, die Nadeln anstelle von Blättern besitzen und Zapfen als Früchte bilden.

Organ: Körperteile mit einer fest umrissenen Aufgabe werden Organe genannt. Die Lunge ist beispielsweise das Atmungsorgan, während Magen und Darm Verdauungsorgane sind. Muskeln, Nerven und Knochen haben zwar auch bestimmte

WORTERKLÄRUNGEN

Aufgaben, werden jedoch nicht Organe genannt.

Ornithischier: Eine der beiden großen Gruppen der Dinosaurier, die ein typisch gebautes Becken besitzen. Zu diesen »vogelhüftigen« Dinosauriern gehören die Ornithopoden, Stachelsaurier, Ankylosaurier und Hornsaurier, die alle Pflanzenfresser waren.

Ornithopoden: Oder »Vogelfußsaurier«. Zweibeinige pflanzenfressende Dinosaurier, wie beispielsweise das Iguanodon.

Paläontologie: Diese Wissenschaft beschäftigt sich mit versteinerten Resten urzeitlicher Tiere und Pflanzen und versucht herauszufinden, wie diese aussahen und gelebt haben.

Paläozoikum: → Erdaltertum

Palmfarne: Altertümliche Pflanzen mit knolligen Stämmen und langen, dünnen Blättern, ähnlich den Wedeln einer Palme.

Pangäa: Bezeichnung für einen urzeitlichen Superkontinent, in dem sämtliche Landmassen zusammenhingen.

Periode: Die Abschnitte eines geologischen Zeitalters werden Perioden genannt. Trias, Jura und Kreide sind beispielsweise die Perioden des Erdmittelalters (Mesozoikum).

Perm: Die letzte Periode des Erdaltertums liegt 286 bis 245 Millionen Jahre zurück.

Plesiosaurier: Meeresreptilien, die während des Dinosaurierzeitalters in der Nähe der Küsten lebten.

Quartär: Zweite Periode der Erdneuzeit (Känozoikum), die auf das Tertiär folgt. Dies ist das Zeitalter der Eiszeiten und des Neuzeit-Menschen, das bis heute andauert. Das Quartär wird in Pleistozän und Holozän unterteilt.

Rekonstruktion: → Siehe Restaurator

Reptilien: Reptilien sind wechselwarme (»kaltblütige«) Wirbeltiere, die ihre hartschaligen oder ledrigen Eier auf dem Festland legen. Schlangen, Eidechsen, Krokodile und Schildkröten sind Reptilien, die in der Gegenwart leben.

Restaurator: Ein speziell ausgebildeter Techniker oder Wissenschaftler, der aus Knochen, Hautresten und anderen Tierteilen lebensechte Modelle dieser Tiere herstellt oder mit Hilfe künstlicher Materialien ein Skelett rekonstruiert (d.h. sozusagen repariert).

Sandstein: Gestein, das aus Sandkörnern entstanden ist, die miteinander verkittet sind

Säugetierähnliche Reptilien: Wissenschaftlich auch Therapsiden genannt. Diese Reptiliengruppe lebte vom Perm bis in die frühe Trias, als die Dinosaurier zur Blüte aufstiegen. Die Therapsiden wiesen schon einige typische Säugetiermerkmale auf, z.B. im Gebiß und in der Stellung ihrer Beine.

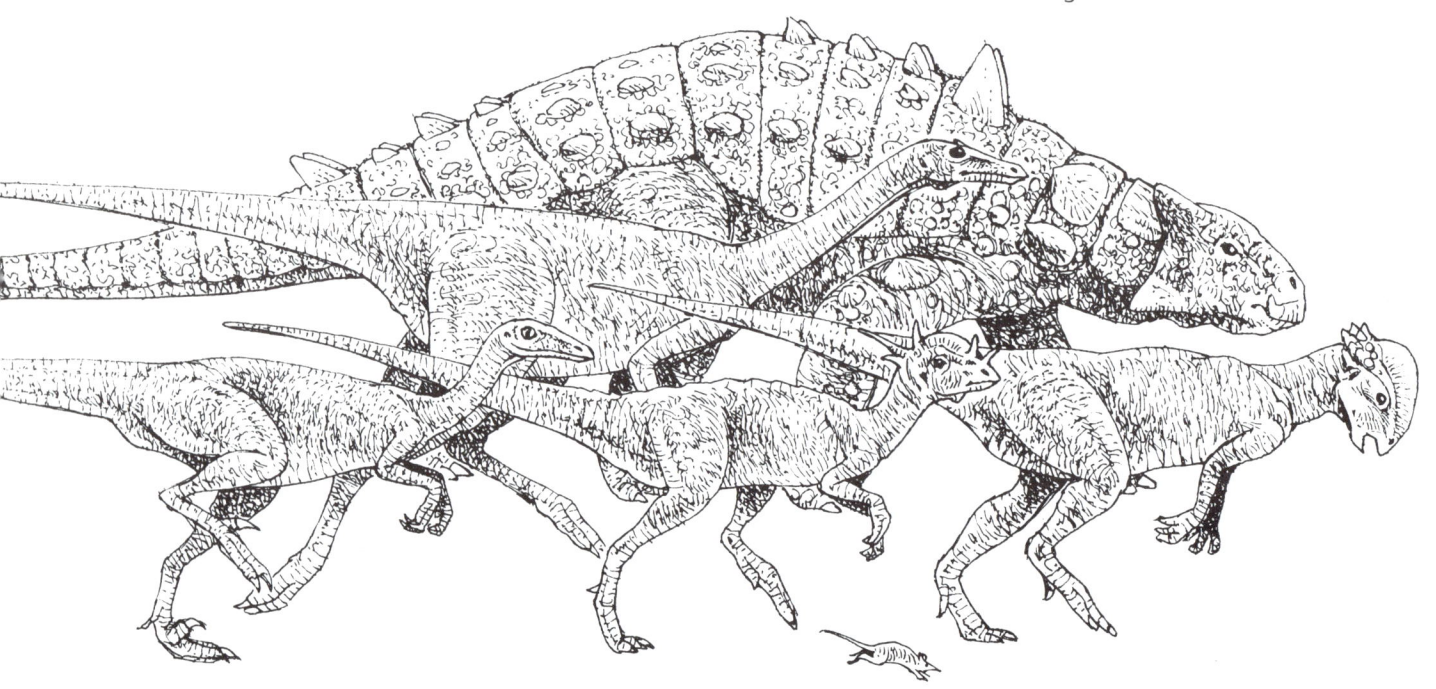

Säugetiere: Kurz Säuger genannt. Sie sind eine Gruppe gleichwarmer (»warmblütiger«) Wirbeltiere, die lebende Junge zur Welt bringen und sie mit Milch säugen. Typisch für Säugetiere sind auch Haare und Fell.

Saurischier: Zweite Großgruppe der Dinosaurier. Ihr Becken sah eher wie das eines modernen Reptils aus, weswegen sie »echsenhüftige« Dinosaurier genannt werden. Die großen pflanzenfressenden Sauropoden und die fleischfressenden Theropoden sind Saurischier.

Sauropoden: Gruppe riesiger vierbeiniger Dinosaurier, die ihren Höhepunkt im Jura hatten. Sauropoden, die auch »Elefantenfußsaurier« genannt werden, besaßen einen langen Hals und lebten nur von Pflanzen.

Schachtelhalm: Schachtelhalme gehören zu den Farn- oder Sporenpflanzen. Sie wachsen meistens am Ufer eines Gewässers oder in Sumpfgebieten. Manche fossilen Schachtelhalme werden baumgroß.

Schluff: Auch Silt genannt. Besteht aus mittelfeinen Bodenteilchen, ist jedoch gröber als Ton.

Schuppen: Die Haut der Reptilien wird von einem dichten Besatz aus Hornschuppen überzogen und geschützt.

Sediment: → Ablagerung

Sedimentgestein: → Ablagerung

Stachelsaurier: → Stegosaurier

Stegosaurier: Auch Stachelsaurier genannt. Große pflanzenfressende Dinosaurier, deren Rücken mit senkrecht stehenden Horn- und Knochenplatten bedeckt war.

Tertiär: Dies ist die erste Periode der Erdneuzeit (Känozoikum), die auf das Mesozoikum folgte, also nachdem die Dinosaurier ausgestorben waren. In dieser Zeit entwickelten sich die Säugetiere explosionsartig.

Tethys: Name eines Urmeeres, das Laurasia und Gondwana trennte

Thecodontier: Reptiliengruppe aus dem späten Perm und der frühen Trias, aus der später die ersten Dinosaurier hervorgingen.

Theropoden: Auch »Raubtierfußsaurier« genannt. Diese Dinosaurier waren Fleischfresser, wie beispielsweise der Tyrannosaurus.

Tonschiefer: Sehr häufiges Sedimentgestein, das leicht bricht

Tonstein: Sehr weiche Gesteinsart, da die Größe seiner Körner winzig ist. Tonstein ist ein Sedimentgestein, das aus Tonschichten entsteht.

Treibhauseffekt: Vorgang, bei dem sich die Erde stark aufheizt, weil durch Veränderungen in der Atmosphäre verhindert wird, daß die überschüssige Wärme ins All entweichen kann.

Treibsand: Bodenfläche, die aus winzigen, kugelrunden Sandkörnern besteht. Wenn ein Tier auf den scheinbar festen Treibsand tritt, sinkt es wie in Wasser ein und ist meist unrettbar verloren.

Trias: Die erste Periode des Erdmittelalters, die von 245 bis vor 208 Millionen Jahren dauerte.

Trilobiten: Entfernte Verwandte der heutigen Spinnentiere, lebten aber im Meer und waren im Erdaltertum sehr häufig

Vegetation: Pflanzenbewuchs eines bestimmten Gebietes

Warmblüter: Auch gleichwarm genannt. Säuger und Vögel sind »warmblütig«, da sie mit Hilfe ihres Stoffwechsels eine gleichbleibende Körpertemperatur erzeugen können. Warmblüter sind daher von äußeren Wärmequellen unabhängig und können auch sehr heiße und sehr kalte Gebiete besiedeln.

Wirbellose: Alle Tiere, die keine Wirbelsäule besitzen, z.B. Insekten, Spinnen, Krebse, Schnecken, Muscheln und alle Würmer

Wirbeltiere: Alle Tiere, die eine Wirbelsäule (aus Knochen oder Knorpel) besitzen. Dazu zählen Fische, Amphibien, Reptilien, Vögel und Säugetiere. Da wir Menschen Säugetiere sind, gehören wir ebenfalls zu den Wirbeltieren.

REGISTER

Fettgedruckte Seitenzahlen verweisen Abbildungen

Abbildungsnachweis

Fotos:

18/19 C.A. Henley/Biofotos; 44 J.B. Davidson/Survival Anglia; 49 R. Van Nostrand/Frank Lane Photo Agency; 51 Jeff Foott/Survival Anglia; 65 Udo Hirsch/Bruce Coleman Limited; 67, 71, 73, 99 K.G. Preston-Mafham/Premaphotos Wildlife; 68 Keith and Liz Laidler/Ardea London Limited; 75 J.J. Brooks/Aquila Photographics; 82 Partridge Films Ltd/Oxford Scientific Films; 85 Michael Fogden/Oxford Scientific Films; 86, 112 Hans Reinhard/Bruce Coleman Limited; 88 Bob Langrish/Frank Lane Photo Agency; 93 Heather Angel; 96/97 Soames Summerhays/Biofotos; 101 A. Christiansen/Frank Lane Photo Agency; 102 Robert Maier/Aquila Photographics; 105 Adrian Warren/Ardea London Limited; 107 Joan Root/Survival Anglia; 109 M. Lane/Aquila Photographics; 115 John Downer/Oxford Scientific Films; 124 Ann Ronan Picture Library; 125, 127, 134, 135, 136, 137, 144/145, 145 The Natural History Museum, London; 126, 139 Dr. Pat Morris; 128, 129 Königlich Belgisches Institut der Naturwissenschaften, Abteilung für Paläontologie; 131 (oben, rechts) Yale Peabody Museum of Natural History; 131 (unten links) Mary Evans Picture Library; 141 John Cancalosi/Bruce Coleman Limited; 143 Peter Menzel/Science Photo Library.

Illustrationen:

1,4/5,6/7, 22/23, 24/25, 26/27, 28/29, 30/31, 34/35, 62/63, 90/91, 92/93, 98/99, 102/103, 104/105, 106/107, 108/109, 112/113, 118/119, 120/121, 122/123, 124/125, 126/127 Chris Forsey
8/9, 10/11, 12/13, 18/19, 20/21, 23/33, 94/95, 110/111, 128/129, 130, 134, 135, 136/137, 138/139, 140/141,151,152/153,154,155,156 James G. Robins
20/21, 100/101, 114/115, 142/143 Denys Ovenden
3,36/37, 38/39, 40/41, 42/43, 45, 46/47, 48/49, 50/51, 52/53, 54/55, 56/57, 58/59, 60/61, 64/65, 66/67, 69, 70/71, 72/73, 74/75, 76/77, 78/79, 80/81, 83, 84/85, 87, 89 Steve Kirk
14/15, 16/17, 116/117, 132/133 sowie alle anderen Schautafeln und Graphiken Hayward Art Group